社会福祉を牽引する人物②

笹山周作・勝則兄弟

――社会福祉法人の経営を論じ合う――

鼎談者　笹山 周作・笹山 勝則・塚口 伍喜夫
編集者　笹山 博司・辻尾 朋子

大学教育出版

鼎談を始めるにあたって

塚口伍喜夫

第1弾では、社会福祉法人神戸婦人同情会理事長の城純一氏を紹介しましたが、この第2弾では、社会福祉法人ささゆり会の副理事長であり法人本部長でもある笹山周作氏（以下「周作」と表現）を紹介することにしました。

笹山周作氏の実弟で公認会計士である笹山勝則氏（以下「勝則」と表現）を加え、私との3人で鼎談という形で進めました。公認会計士として大企業の財務アドバイザーをしてこられた立場から社会福祉法人の経営についてご意見を伺いたい思いもあって加わっていただきました。

それでは、さっそく鼎談の内容に入っていきたいと思います。私は、鼎談者の一人ではありますが、この鼎談をコーディネイトする役割も担っていたので、そのいきさつを紹介させていただきました。

鼎談の目的

塚口：この鼎談では次のような事柄について論じ合いたいと考えています。その一つは、社会福祉法人の経営とは、そもそも何かということ。その二つ目は、社会福祉法人は、非営利の法人ですが、営利法人が展開する福祉サービス提供事業との棲み分けはできるのかということ。その三つ目は、二つ目とも関連するのですが、どのような背景で「経営」という概念が強調されることになったのかということ。四つ目には、キヤノングローバル研究所が言う「剰余金」とは何を根拠にしたものなのか、ということを論じていただきたいと思います。

現実の問題に入りますと、介護従事者の給与水準は一般の給与水準と比較すると10～20％ほど低いです。その分を補てんすると剰余金なるものは全くなくなります。

社会福祉法人夢工房が1億4千万円程度を不正流用し、兵庫県の指導で新しい役員体制に変わり、新たな出発をしたことが報道されています。この不正流用、私的流用ですが、これを許してきた役員はどんな責任を取るのかが問われています。兵庫県の社会福祉法人は昔からいろいろな不祥事を引き起こしてきました。不祥事の百貨店みたいなところがあります。この辺をどのように考えていくのか。五つ目は、社会福祉法人は借金経営がほとんどです。周作さんがおっしゃったように、今度の社会福祉法の一部改正は借金経営を助長するようなところがあり、本当にそれでよいのか、10年後の社会福祉法人の経営環境は、どう想定したらよいのかを論じていきたいのです。編集者の笹山博司君と辻尾朋子さんは、読者の立場から必要に応じてコメントを差し挟んでいただきます。

社会福祉を牽引する人物②

笹山周作・勝則兄弟

――社会福祉法人の経営を論じ合う――

目次

社会福祉を牽引する人物②

笹山周作・勝則兄弟

――社会福祉法人の経営を論じ合う――

（写真左から）笹山勝則氏・塚口伍喜夫氏・笹山周作氏

社会福祉・介護福祉事業を目指した動機

塚口：社会福祉、とりわけ、介護福祉を目指された動機をお話しください。読者が本を開いたときに、こういう人たちがこういうことを言っているのだなと知ったら関心が深まると思います。

周作：親父が亡くなって、繊維関係の仕事をしていましたが、これから将来、自分がやっている仕事が10年、20年やっていけるかということを考えました。そうすると、繊維関係の仕事は、全部中国へ行くだろうと思いました。私も中国へ行き、中国の環境に慣れて、文化や生活に慣れたら何とかなるかもしれないと思いました。しかし、日本にいて何を生業として頑張るか、すごく考えました。

塚口：それは何歳くらいの時ですか。

周作：親父が死んだのは、私が37歳の時ですから、かれこれ27、8年前ですね。仕事が忙しかったのでゴルフをしたことがなかったのです。当時は、ゴルフがブームで、銀行の人に誘われてゴルフに行きました。案の定、ブービー賞でした。ゴルフで一番になるのには、お金と暇の二つの条件が必要だと思いました。そのとき一番になったのは、ある社会福祉法人の理事長でした。私は大学を出てから15年間、親父の下でずっと一生懸命に働いて趣味や娯楽を楽しむ余裕はありませんでした。社会福祉法人理事長のゴルフプレーを見て、これなら自分も福祉に参入する余地があるのではないかと思いました。

新宮町の役場（現在は、たつの市新宮町）に行って、老人ホームをつくりたいと相談すると、兵庫県庁へ一緒に行ってくれました。新宮町はすでにあるためつくることはできませんでした。いろいろ探し、姫路を見つけました。その頃は40歳で、何ができるかを考えたときに、介護を必要とする人が20年先、30年先には多くなると思いました。

塚口：実業界にいて、そういうところに着眼されたことに驚きました。介護が、20年先・30年先の高齢社会になったときには絶対に必要だという見極めをされていたのですね。なぜ、そのように思われたのですか。

笹山周作氏

周作：それは私が読んだ本の影響です。細かな社会の動きは分かりませんが、人口の変化だけは正確であり、ニーズが変化していくことは感じていました。そうすると何をビジネスにするのがよいかという発想になりました。都会ではいろいろなことができますが、田舎では、税理士、医師、土木建設業など許認可を貰ったビジネスしか残っていません。そうすると、参入するときは難しいけど、その後はスムーズに事業展開ができると思いました。高齢者福祉は20～30年先にニーズが増えるのは間違いないと考え思いきりました。

塚口：もう一つ、周作さんがこの事業をやろうと思いきられた頃に、新宮町に図書館を寄付しておられますよね。それは、どういうことだったのですか。

周作：それは、親父の財産を受け継いだからです。私は、教育は人間形成において一番大事なところだと思っています。当時、龍野市には図書館がありましたが、新宮町には図書館がありませんでした。それで図書館を寄付しました。

塚口：そのような経過を見ていると、実業界におられたときから教育の問題とか高齢社会には何が必要かを考えておられたのではないかと思います。

勝則さんは、なぜ、公認会計士を目指されたのですか。その後、どのような形で社会福祉に関わられるようになったのですか。

笹山勝則氏

勝則：私は大学入学当初から、大学時代に公認会計士の資格を取ろうと思っていました。親父が生前に、「数字だけは読めるようになっとけよ」とよく言っていました。親父はあまり細かいことをいう人間ではないのですが、頭がよく数字に強かったです。数字に強いだけでなく、数字を読めるようにならないと駄目だと口癖のように言っていました。同時に親父がもう一つ言っていたのが「外国語が話せるように」ということでした。親父は仕事柄生地の買い付けに行き、物の質はみられるけれど語学ができませんでした。親父の小学生時代は戦争真っ只中で、当時、英語は敵国語で話しても書いても駄目な時代だったようです。パスポートのローマ字による自分の名前が読めない、書けない状況でした。親父は貧しく小学校教育もしっかり受けていないけれど、数字は読め、仕事はしっかりやっていました。その親父が「数字が読めて語学ができるようになったら飯は食える」と言っていたこともあって、大学に入ったら数字だけは学び読めるようにしておこうと思っていました。

塚口：青春時代に数字を見る仕事、数字を活かす仕事というのに着目されたというのは驚きですね。将来の目標がはっきりしていたのですね。

私が勝則さんを知ったのは、周作さんが、キヤノングローバル研究所の「特養は3億円という剰余金を持っているではないか」という報道があった時に、論評をきちんとされたことを聞いた時です。周作さんから弟が公認会計士をやっていて大きな企業の会計指導をされているとお聞きし、個人的に興味を持ちました。お二人とも、お父さんの影響は大きいですね。

周作：親父やおふくろの影響は大きいです。それはやっぱり一緒に、息子でも甘やかされずに仕事をしてきましたから。

勝則：1990年代は、親父が亡くなった頃ですが、ちょうど日本の分岐点、高度経済のバブルがはじけた時で普通の人は一か八かの勝負に出なければいけない頃でした。日本ではご飯が食べられない若者、就職難民の人たちが多く出ました。経済の高度成長期は勘違いをする人たちがいます。高度成長期は起伏が激しく、その中で、成長が生まれた時代で、多くの業種の転換、企業の転換、働く人の転換が高スピードでなされた時代です。私は、数字を読む仕事に入って、「先兵隊」という海外の受皿を作る役目で、海外進出する日本企業の波に乗って押し流されてきました。兄のような二代目の人が国内だけではやがて限界がきて、コスト戦争に負けると考えた経営者たちが海外に多く出ていきました。

でも聞いていると、兄は社会福祉のことを、20年先の方向を見ていたのですね。

周作：私が海外に行かなかったのは会社にお金があったからです。お金がなかったら自転車操業で家業を続け、海外へ行かなければならなかったと思います。

塚口：若い時にお父さんの仕事を見て一緒にやってきて、急にお父さんが亡くなられた後に、その仕事を転換するのはよほどの勇気と決断がいると思います。

塚口伍喜夫氏

周作：私は、パイ、すなわち、市場なり需要が大きくなるところが大事だと思っています。需要が縮むところは何をやっても駄目です。この場合の需要は、高齢者の介護事業です。その核となるのが特別養護老人ホームです。需要が大きくなっているところに入れば良いこともあるが駄目なこともあるけれども、良いことのほうが沢山ある。発展の原理が働くという考え方で参入を決意しました。

塚口：勝則さんは公認会計士として大きな企業の財務指導などをやってこられて、社会福祉に目を向けられた動機は何ですか。

勝則：私が体を悪くして引退し、ゆっくりしていた58歳の時に、兄から社会福祉の会計のことについて問われたことがきっかけです。正直なところ、私がやってきたのはグローバルな純粋な日本および米国の会計です。社会福祉の会計は、公会計と言いますが、我々の業界ではそれほど先端を走る会計領域ではなく、それは、町の会計士に任せておけば大丈夫だと思っていました。近年、安倍内閣の下、地域活性化、格差社会がもたらす貧困、災害等を支援するなど日本の社会がどんどん変わってきていることは感じ取っていました。日本の公認会計士協会も新しく公会計という組織が出来上がりました。それがついこの間です。学校法人が初めに公会計になったと思います。それまでは大福帳簿記だけで借方、貸方がありませんでした。全部、現金収支でした。もう20年前になりますが、運用は銀行任せで、ある決算期末に大きな損失を出して、大きく新聞記事になりました。

今回、夢工房の事件がありましたけれども、そのようなことがきっかけで社会福祉法人も、公会計のカテゴリーの重要な位置に入ってきました。ところが、監督官庁が新しい公益法人会計なるものをわかっていないようです。無理もありません。公益法人会計は、そういう意味では監督官庁も含めて十分に普遍化しているのかと言えば、そうでもないように感じます。

塚口：勝則さんはその立場からキヤノングローバル研究所が言っていることはおかしいのではないかと論陣を張られていました。

勝則：確かに今見れば、数字の基本がわかっていない人が書いたように思います。剰余金の概念は、あくまで損益および収入・支出の差の累積であり、確かに内部留保金の一部ですが、剰余金＝余裕財産ではありません。ここは絶対に譲れないところです。今回の社会福祉法の一部改正においても剰余金の概念が余裕資産、余裕財産と表現が変わってきて最終的に社会福祉充実残額の表現に収まりました。

塚口：これについては、後程詳しく論じてもらいたいと思います。

周作さん、方向転換されてどうですか。

周作：そうですね、方向転換して正解だったと思います。そのまま事業を継続したところは全部つぶれています。つぶれていかざるを得ない状況だったと思います。

需要が大きくなるから多くの人へ利益が行き、人も増えます。需要が小さくなるということは、人も増えない利益も出ません。そこで過当競争をやることになり、挙句の果ては借金をしてつぶれてしまうことになります。

塚口：社会福祉法人の経営は、たくさん給料を取って利益が出たら配当を出してもいいとか、そういうことはできません。

周作：それはそうです。最初から分かっています。利益を出して配当を出してはいけない、給料をたくさんとってはいけない、分かって覚悟しました。社会福祉法人で儲けようという意識は一切ないです。その一方で、介護のノウハウを活かして、自己資金で介護サービスを提供する株式会社を作りました。そこで一定の利益が出ればよいと考えています。

笹山博司さん

〔コメント〕笹山博司

社会福祉法人と株式会社との違いを考えないといけないと思います。補助金をもらっていますので、モノを言い続けることは、社会福祉法人では難しいかと感じます。むしろ、国から補助金を受けないことで、目指すべき介護を行いやすいのではないでしょうか。

会計に関しては、社会福祉法人会計が複雑すぎると思います。これは、外部の人が見ても分かりにくいと思います。今だに社会福祉法人は、すごく儲かっているイメージを持っている人がいるので、勘違いする人もいると思います。

辻尾朋子さん

〔コメント〕辻尾朋子

周作さんの方向転換は大胆なものだと思います。それもやはりお父様から受け継がれた経営手腕かと思います。

社会福祉法人のサービス提供と株式会社での提供の関係

塚口：社会福祉法人で金儲けをするつもりはない。それは周作さんの哲学ですね。ところが大半の経営者は社会福祉法人の中でどう儲けていくかを考えます。

周作：それは社会福祉法人の立ち上げの時に土地と資金が必要となります。その時に精一杯の力を出し切り借金からスタートを切るということがあると思います。それがだめだと思います。私は、出し切っていません。残った資金で株式会社を始めました。

塚口：個人的には周作さんが言っておられることは分かります。一般の社会福祉法人経営者は、周作さんが言っておられるようにはいかないと思います。しかし、将来、どのようにしたらよいのか大きな関心を持っていると思います。あえて自分の所得がガタンと落ちるところに方向転換されたのは勇気のいることですね。

周作：特養で介護事業経営や技術のノウハウを蓄積して、そのノウハウを株式会社で活かすことで質の高いサービスを提供することができ、上手く経営できると考えました。何も知らずに、ある日突然株式会社で有料老人ホームやグループホームをしようと思ってもできないと思います。

塚口：普通の経営者は社会福祉法人一本でいきます。ところが周作さんは社会福祉法人と合わせて営利法人の二本立てで行っておられます。これはレアケースです。その考えをお聞かせください。

周作：社会福祉法人はどこまで行っても自分のものではありません。最後は国家に帰属するものです。一生懸命毎週40時間働いても給料は安いです。最初、姫路市に行ったときに給料が高いと言って怒られました。市の公務員の課長か係長と一緒にしなさいと。多くの寄付をし、給料は安いけれども、社会福祉法人のノウハウをみんなもらえたらよいと割り切りました。それは介護保険制度が施行される前ですが、介護保険が導入されれば株式会社も介護サービスに参入できるため、そこへ自分のお金を投資して儲けたらよいではないかという考えに切り替えました。切り替えられる人間でないと駄目ですね。私には余力があったからできたのかもしれません。

塚口：現実はそうはいきません。社会福祉法人経営者の多くは、十分な資金がないところからの出発です。どのように経営を拡大していけばよいのかに苦慮しているのではないですか。

周作：そうですね。お金がなくても給料をためて株式会社をつくったらよいと思います。もし、私がいまお金がなくても私と家内が一生懸命働いて、週40時間働いてお金をつくって5年か10年してお金がたまったら株式会社をつくりますね。今回の社会福祉法の一部改正になってからは、給料の取り方が違うので難しいかもしれませんね。

塚口：勝則さんに聞きたいのですが、お兄さんが急

最初に立ち上げた特養「サン・ライフ御立」

に社会福祉・介護福祉の分野に参入するとなった時にはびっくりされませんでしたか。

勝則：驚きました。親父が亡くなって親父が残したものをベースに介護の世界に行ったのは兄貴の目の付け所だったと思います。その頃は、会計事務所も戦乱の時代でした。日本企業がどんどん海外に出て行っていました。その当時は、海外進出、業務提携による事業拡大が各社の儲けにも利益にもつながっていく、そんな時に何で介護だと、ピンときてなかったです。

塚口：今は社会福祉法人のオーナーの多くが株式会社も経営されているのでしょうか。

周作：してないです。青森県の社会福祉法人経営者との交流会でも株式会社をつくることを勧めましたが、あまり関心がないようですね。やる能力がなくてできないのかもしれません。

塚口：能力とはどのような能力ですか。

周作：経営の能力のことです。私はレアなケースのようですが、本当はもっと私のような経営スタイルの人が増えてこないと駄目だと思っています。社会福祉法人としての経営能力を高めないと良い介護や良い介護の質も目指せないし、良い法人もできていかないと思います。

塚口：そうすると、非営利と営利をどういう形で両立させるかですね。

23　社会福祉法人のサービス提供と株式会社での提供の関係

周作：社会福祉法人は、社会福祉の視点を外さず、最も困難な部分に質の高いサービスを継続的に提供し、営利法人は法律にしばられない自由な介護サービスを提供します。社会福祉法人と営利法人の二つを同じ市場に出すことによって両方がシナジー効果を生み出します。どちらも社会に貢献できると思います。

塚口：営利の分野もね、対人援助が目的ですから公共性のある分野ですよ。営利法人は、非営利法人とは経営基盤が全く違います。この二つの法人の事業をどのようにかみ合わせていくかが大事なように思います。

勝則：非営利法人と営利法人は共通するところもあれば共通しないところもあります。非営利法人がしっかりと成し遂げなければならない領域を認識しておかないと過ちを犯します。例えば、地域貢献とか低所得者への支援、児童福祉、障害者福祉を含めて非営利法人が社会の礎になる部分を捉えて実行することは、非営利法人でないと無理です。大会社であれば、社会貢献やCSR（註）として取り組むこともありますが、経営状態などが影響することもあり継続的に行うことは難しいです。地域に貢献するとか地域で困っている人を救っていくというのは公益法人でないと継続的にすることはできません。

（註）CSRとは、企業の社会的責任、自主的に社会に貢献する責任のこと。

周作：介護の質は社会福祉法人であろうと株式会社であろうと同じように保持しなければなりません。そうしないと株式会社での介護サービスは生き残れません。

塚口：重要なのは、この両法人間でシナジー効果をどう発揮させるかですね。

周作：もう一つの考え方として、社会福祉法人の中に非営利的なものと営利的なものの両方をきちんと区別し、認識させて、営利な領域で開発したもの（例えば、介護ロボット、介護のＩＴ化、利用者の安全保護システム等）を非営利の社会福祉法人の組織の中に組み込ませると効率性も高まると思います。

勝則：それは分かりますが、日本の法律がまだついてきていません。

株式会社「さくら姫路」の有料老人ホーム

周作：非営利の社会福祉法人には厳しい規制がいろいろあります。厚生労働省（以降は厚労省という）が決めた路線を外れることは難しいですね。本当は、その中できちんとした経営ができるのかというと、できないのではないかと思うところもあります。だからその分は営利法人で対応しようというこの二本立てで行かないと経営者としては経営したことにならないのではないかと思います。社会福祉法人では、何か不祥事が出たら、例えば、新入職員が不祥事を起こしても理事長の首が飛びます。そんなの恐ろしくて誰も理事長にならないですよ。

塚口：そうなってくると、社会福祉法人の経営はどうあるべきかという議論にならないじゃないですか。社会福祉法人という非営利組織の中に営利的な概念なり経営効率を持ち込むことで、この社会福祉法人は生き残れると、大半はそうでしょう。それを目指さないと生き残れないと思います。

周作：まさにその通りです。それをしていないところが大半です。特に、社会福祉法人の経営しかやっていないところは、それを目指さないといけないですね。経営者として考える場合は、様々な選択肢を考えないといけないと思います。

塚口：周作さんは一人の経営者として面白いやり方をしておられます。ただ、多くの社会福祉法人経営者が真似できるかというと真似できないですね。

勝則：真似しろと言ったら厚労省が「ちょっと待て」と言うかもしれませんね。非営利法人の中できちんとした経営効率を追求することが大切になります。去年の夏、兄の周作から依頼されて介護関係の社会福祉法人の財務的数字を見ようと10法人並べて分析した中で、収入に対する人件費が65％を上回っている施設は赤字になっていました。これを下回っている施設はすべて黒字でした。社会福祉法人の経営効率を目指す中で、ここが一つの大きな指標KＰＩ(註)ではないかと思いました。ただ今日、サービスのかなりの部分がアウトソーシングされているので、本当の人件費が読めなくなっています。アウトソーシングの場合は、勘定科目が変わって人件費じゃなくなります。時代とともに、分析の見方を変えないといけなくなっています。

(註) KＰＩとは、Key performance indiedtorsのイニシャル文字を取っており、重要な経営指標、値のこと。

塚口：人件費比率が65％というのは、経営指標の大事な点ではないかというのは聞いたことがあります。もう一つは、社会福祉法人の中で営利的な事業を行うことです。これは公益事業という名の下でできるのではないですか。私の大学時代の友人が知的障害者施設と特養の両方を経営していますが、公益事業でスポーツジムを経営することにしたそうです。社会福祉法人でスポーツジムができるのかと聞いたら、介護予防の重要な要素でそれを取り入れたら県の認可が下りたようです。社会福祉法人という非営利の組織でそういうことをやることも不可能ではありません。そこで上がった利益は社会福祉事業に還元すればよいのではないでしょうか。

周作：塚口さんの話は経営のありようを示したものだと思います．他の社会福祉法人もいろんな可能性を追求してほしいですね。社会福祉法人は多くの規制で縛られていますが、もう少しアイデアを出すことを考えたらよいと思います。

勝則：話を元に戻しますが、大半の施設は赤字になっています。にもかかわらず、経営効率を考えていないことが問題だと思います。

例えば、レストランの場合、原価が30％を超えたら絶対潰れます。これは不思議です。レストランで材料の仕入れを決めるのは板前さんです。今の季節は鱧がおいしいからと淡路の鱧を高い値段で仕入れたら30％はすぐにオーバーします。料理人に任せたらいいものをつくります。しかし、それをしたらレストランは潰れます。同じように、社会福祉法人で、介護に対する理想の高い介護福祉士が介護の質ばかりを追求することになれば、職員配置の3：1が2：1または1：1ということになり、施設経営はすぐに赤字に転落してしまいます。

周作：人件費比率は全国平均で64・5％ですかね。人件費、事務費、事業費のすべてを論じないと経営指針は出てきません。

ただ、介護のサービスは機械ではできません。高い理念と高い介護技術を持った介護士がよりよいサービスを提供することで成り立ちます。したがって、社会福祉法人は介護職員の育成と処遇についてもっともっと努力をする必要があると思います。それを前提にした経営が求められます。

今回は、鼎談ということで社会福祉法人の経営という大きな課題を論じあっているのですが、コーディネイター役の塚口さんの経歴や今日までの経歴の中で培われた経営論などを披瀝して貰いたいと思います。

塚口：私はお二人と違って初めから社会福祉の道を歩んできました。高校3年の時、将来の進路についてはよく考えていませんでした。関西や東京の私学を受験し、国際的な仕事をしてみたい、などと漠然と考えていました。そんなとき、担任のK先生（国文学担当で、若くて美人で、男子学生の憧れの先生）から、あなたは清貧に甘んじても社会の恵まれない人のためになる仕事をしてはどうですかと、その当時全国に3つあった社会事業短期大学を紹介されました。そのうちの名古屋にあった中部社会事業短期大学に入学しました。授業料は安く、国公立大学より安かったと思います。

その短大を卒業する年に4年制の大学になり、3年に編入したのですが、その年の8月、兵庫県社会福祉協議会から採用試験を受けてくださいという通知をいただき、訳が分からないままに盆過ぎに試験を受けに行きました。そしたら2日後に採用通知が来て9月1日から勤めることになったのです。

社会福祉協議会（以下「社協」という）は、中央に一つ、都道府県、郡、市区町村にそれぞれ設置されていました。どんな仕事をしていたか。当時の兵庫県社協の会長は神戸新聞社長であった朝倉斯道《しどう》さん。会長の強い思いで、地域の子ども会の結成・育成、地域老人会の育成、新生活運動の推進、母子家庭子女の就職支援、世帯更生資金の貸付けなどでした。

入局3年目に、岸信介首相の肝いりで作られた「日本青年海外派遣事業」への応募を朝倉会長から勧められ、自信がない中で受験しました。英語の会話・ディクテーション、筆記、論文などの試験があり、75名が受験していました。そのうち兵庫県は3名の派遣者が決まるという厳しい試験でしたが、偶然に合格しました。派遣先は北米・カナダ、オセアニア、東南アジア、ヨーロッパでした。私は北米・カナダを希望し、御殿場の国立青年の家で約1か月の研修を受け、同年の9月から11月末までの3か月の旅行を体験しました。行きは客船で横浜からハワイ経由でサンフランシスコまでで、そこを起点に、北米・カナダの20都市を訪問し、それぞれのテーマに沿った研究視察をしました。この派遣事業のスポンサーは当時の総理府、旅行経費のほかに1日4ドルの活動費を貰いました。当時のメンバーで「4ドル会」なるものを結成し、毎年1回の会合は今でも続いています。

アメリカの社会保障は世界の先進国の中でも非常に遅れています。お金をかけない救済方法として援助技術が発達しました。その援助技術は日本にも輸出され、日本流に根付いています。貧困者救済などにお金をかけない反面、富裕者などからの寄付は毎年多額に上り、連邦政府の年間社会福祉費に近いくらいの額だと言われています。

その社協は、民間福祉推進の総括者としての役割を果たしてきています。

私は、社協最後の14年間は事務局長の任務をいただきましたが、この役割が果たせたのは、歴代の会長の背中を見て成長してきたからではないかと思っています。初代会長の朝倉斯道氏は文化人と言われる人で、文学、芸術、演劇、絵画、陶器、風物など、どんな分野にも精通しておられ、教養がその人の品格を創り出すことを自ら示しておられました。2代目会長の関外余男氏は、元内務官僚で、終戦時は埼玉県知事まで務められた方でした。「生半可な理解で物事を進めるな」が信条の方でした。3代目会長は元兵庫県知事、後には参議院議員として環境大臣までされた金井元彦氏でした。この方たちは、みな大変な読書家であり、常に先を見通して物事を判断されていました。私の仕事の流儀は、こうした方たちから学んだから身についた流儀ともいえます。

県社協を定年退職してから請われて大学で教鞭をとることになりました。宮崎県延岡市に新設された九州保健福祉大学・大学院で6年間、神戸の流通科学大学で5年間、社会福祉学を教えました。短大卒で当時の文部省の個々の審査を通り大学・大学院の教授になったのは全国で4人だと聞いております。

私は、本来の専門は地域福祉ですが、兵庫県社協の事務局長は兵庫県社会福祉施設経営者協議会の事務局長を兼職したこともあり、社会福祉法人の諸問題にも関心を持つことになり、その過程で周作さんとも昵懇の間柄になりました。社会福祉法人は、日本の社会福祉の第一線を担っている最大の組織です。このありようが日本の社会福祉の水準を決めると言っても過言ではありません。この基本的な意識は周作さんと同じです。

勝則：塚口さんには一般企業の経験はほとんどないということですか。

塚口：ありません。

勝則：昭和33年というと日本では経済成長の兆しがない時ですね。朝鮮戦争が終わって経済が落ち込んでいた時ですね。私が生まれてすぐの幼い時です。その当時のイメージからすると、社会事業と言われたら暗いイメージがあって、社会で困っている遺児や障害者を助けるというようなイメージで、高齢者は対象ではなかったです。

塚口：当時はおっしゃるように戦災孤児やGHQの影響で街には春をひさぐ女性があふれていて、悪い風紀に染まる子どもたちがたくさんいたということで、子どもの健全育成事業や母子家庭の子どもの就職差別をなくするために事業などを社協では勧めておりました。明るいイメージではないですね。

勝則さんが言われるように、私の親は社会事業の学校に行くのを反対して「お前がそんなことをしないといけないのか、そんなことをするのなら学費も生活費も送らない」と言われていました。そのような時代でした。

勝則：その当時、寄付などで戦災孤児などに手を差し伸べる人は多かったですか。

塚口：昭和22年にＧＨＱの指導で共同募金運動が起こりました。兵庫県では24年には５００0万円の目標額を突破するという成果を上げています。兵庫県の民生部予算よりも多かったと言われています。

勝則：昭和33年ごろというと、今から経済を伸ばしていこうとする時期ですね。

塚口：昭和35年池田勇人内閣ができて所得倍増計画を打ち出し、日本の景気は上向きになってきました。アメリカに行って、保護を受けている家庭が車を持っていたことには驚きました。その当時の日本は自家用車を持っている人はごく少数でしたから。アメリカとはそういう国なのかと変なところでビックリしました。

勝則：社会福祉だとヨーロッパに行かれることが多いのではないですか。アメリカを選択されたのは面白いですね。アメリカはボランティア活動がとても盛んで、うまく日本に入ってこなかったように感じます。

塚口：日本には根付かなかったといえるかもしれません。日本では子育てが終わった主婦がボランティアの中心でした。それが、阪神・淡路大震災以降、若者がボランティアに多く参加するようになりました。ボランティア元年と言われる所以です。アメリカでは市民生活のあらゆる部分にボランティアが関わっています。各都市で日本の子ども会に相当するボーイズクラブなどは、市民の寄付により立派な施設を持ち、豊富なプログラムのもとで少年の健全育成がなされています。一部専門職が関わっていますが、運営の主役は市民ボランティアです。

もう一度経営について考えよう

塚口：今まで、社会福祉法人の経営、営利法人の経営、それらの棲み分けなどについて論じ合っていただきましたが、もう少し、経営について議論をしたいと思います。非営利の社会福祉法人といえども、また、厳しい環境のもとであってもより良い経営を目指して進まなくてはならないと思います。

勝則：国策として国が補助する分には、国の財政と政府の政策に左右されてきたと思います。特養ができた当初は、社会福祉法人は土地を寄付して、施設の建設費の4分の3は国や都道府県が出してくれていました。残り4分の1を社会福祉法人が負担するというものでした。今後、超高齢社会を迎えるとき、施設建設や高齢者介護を一般財源で賄うには負担が重過ぎると考えた政府は、新しい資金調達の仕組みとして介護保険制度を創りました。そして今日に至っています。この度の社会福祉法の改正を見ると、ガバナンスの強化や経営の透明性に加え、内部留保金、すなわち、社会福祉充実残額が改正の主眼になっています。また、介護保険報酬の減額が叫ばれ、各レベルでの報酬減額が今年度より実施されました。しかし一方、社会福祉法人の経営規模や財務状況は千差万別です。経営難や経営放棄に陥る法人も出てくるのではないですか。

周作：経営困難法人は必ず出てくると思います。その時どうするか。法人の解散か合併か、あるいは共同経営化が迫られてくるのではないですか。

勝則：私は、台湾やアメリカで合弁会社をたくさん作ってきましたが、成功したためしがありません。大半は喧嘩別れです。合弁会社設立当初は、すべて両者の合意の上で、共同でやろうと言っていますが3年から5年経過すると、本性が出てきてうまくいかなくなります。

塚口：合弁会社は日本でいえば第三セクターですね。この第三セクターはほとんどうまくいっていません。役所の悪いところと民間の悪いところを併せ持つような格好になり大きな赤字を出すか倒産しています。

この経営の問題を論じる際に、破産の問題も同時に論じていただきたいと思います。今日まで、社会福祉法人の破産は、表向きはほとんどありませんでした。しかし、実際裏面ではひそかに社会福祉法人が経営する施設が売り買いされていると聞きます。

社会福祉法人が経営する施設が行政処分で運営されていた時代は、利用者が減って立ち行かなくなるような事態になると、行政側が職種を変更する処置を進めて倒産することはなかったのですが、今日のように福祉や介護のサービスを受ける側がサービスを提供する側（社会福祉法人）と契約を取り交わしていくようになると、それはもうサービスの売買契約ともいえます。売り手の側が質の高いサービスを継続的に提供できることが最低の条件になりますが、経営が困難な状況に陥った社会福祉法人は、この最低の条件すら維持することができなくなります。そうなると、利用者は減っていき、やがて倒産の淵に立たされることになります。

周作さんが日頃主張しておられる経営論からこの問題を具体的にお話しいただきたいと思います。

周作：福祉が契約の時代に入った時から、ある面では競争の時代に入ったと言えます。競争は、勝つものと負けるものが必ず存在します。社会福祉法人が負けるということは、民事再生か倒産状態を指します。

今、多くの社会福祉法人は、自己資金が乏しいのに借金をして事業拡大を図ってきました。すでに、何十億円も借金を抱えている法人が、私の知る限りでも幾らもあります。そういう法人に共通していることは、利用者枠を満たさないまま何年も経過していて、経営者は、それこそ死に物狂いで利用者を獲得する努力をしているかというとそうではないようです。法人で買った高級車を乗り回し、毎週ゴルフに行っています。法人の経営よりゴルフのスコアで頭が一杯というようなオーナーの法人は間違いなく倒産すると思います。

私は、経営の視点を次のようなところにおいています。一つは、赤字を出している事業所はその原因を徹底的に分析し、法人側に主体的な条件が欠けている場合は、その条件を満たす努力を厭いません。その赤字が、構造的なものであれば、その事業所を閉鎖します。二つには、契約の福祉とは、顧客を獲得するセールス活動が不可欠です。事業所の職員が必死になって顧客獲得のセールスをやっているかどうかです。三つには、社会福祉法人の経営は、オーナーと職員が意識を共有しないとダメです。オーナーが自分の思い付きでアレコレを勝手にやり、そのツケを職員に回すなどの愚行は決して行ってはならないことです。

勝則：社会福祉法人が施設を経営するに当たりたくさんの借金をしています。銀行なども社会福祉法人は潰れることはないだろうということで、変動金利でお金を貸しているようです。現在の低利率で長期貸付は嫌がります。金利が上がればお金を借りている法人はたちまち経営困難に陥ることになります。金利は近い将来必ず上がります。そうなると、やがて立ち行かなくなり、倒産の道を歩みます。第一段階として、介護サービスの悪化、第二段階として介護士等スタッフの人員削減、第三段階として削減後のスタッフの給与等のカット。ここまで来たら外部に情報が漏れ、倒産の道へ急降下となると思います。

〔コメント〕笹山博司

社会福祉法人を経営する上で社会保障、介護保険のことを理解しておかないといけないです。今の社会保障は、どのくらい予算がついているのか。厚生労働省の介護保険の動向とかも考えていかないと経営は難しいと思います。また、運転資金が少額で始めると、すぐにキャッシュが回らなくなります。

ただ、介護は、人のためにという思いを強く持っている人が多く、社会のためにと社会福祉法人を作っていきます。その人たちが経営を行うと現実とのギャップに大変苦労すると思います。ただ、節税のために社会福祉法人を作っている人より、そういった人たちが社会福祉法人を設立し、経営ができる状態になることの方が遥かに価値があると思います。

〔コメント〕辻尾朋子

社会福祉法人も経営のノウハウを身につけ、継続的にサービス提供できる基盤をしっかり築かなければいけないと思います。また、人材を育て質の良いサービスは経営を考える時には欠かせないものですね。

社会福祉充実計画とは

塚口：話を切り替えます。今度の社会福祉法の一部改正では、社会福祉法人はその剰余金を社会福祉充実計画で地域貢献に充てよと規定されました。この問題について論じていただきたいと思います。

勝則：これは大きな問題です。汗水たらして働いて残ったお金を次の社会福祉施設へ再投入するのは当たり前です。そうではなく、残ったお金を地域の生活困難者や貧困児童のために使わなければならないという法規制は法人の経営意欲を大きく削ぐものです。本来、生活困難者や貧困児童などに対する救済・支援は行政の役割だと思います。

周作：社会福祉充実残高が法律で縛られると法人経営者のモチベーションは上がりません。

今回の改正で一番の問題はそこです。社会福祉法人がその経営努力で剰余金を出せば、自らの判断で自主的に地域のために貢献するのはよいと思います。しかし、法律でいう社会福祉充実計画は、県や市町村に計画書を出して、許可をもらうというものです。法人と職員が、汗水たらしてためたお金、それは、災害や施設のメンテナンスや増改築のためにためたお金を地域貢献に使うのになぜ行政の許可がいるのか分かりません。こんな高飛車な法律がありますか。

塚口：市町村は財政的に窮迫しており、行財政改革もこれ以上は見込めませんが、その一方では地域の福祉ニーズは高まっています。これを社会福祉法人の剰余金で賄おうとする考えだと思います。本来、行政が社会福祉法人にお願いして進めるものではないですかね。それを高飛車に「計画を出せ、それを見て許可する」というような姿勢で、本当に官民共同の地域福祉が創れると思うのですかね。では、行財政改革は十分ですかと問いたいです。今、市町村議会の議員の政務活動費（政活費＝生活費）が問題になっていますが、高い議員報酬に加えて政務活動費がプラスされています。

スウェーデンのリンショーピン市では、市議会は夕食後の午後7時から始まります。議員は無報酬で基本的にはボランティアです。日本では市町村議員は職業になっていて、世襲議員も少なくありません。行財政改革をいうなら、議員報酬をうんと削減し、政務活動費などは無くすべきです。また、職員の数が多すぎます。余っているから外郭団体や行政との関連の深い諸組織に出向させたりしているわけです。こういう無駄を削ぎ落して、社会福祉法人などと対等の立場で共同する。これが本来の姿だと思いますがどうでしょうか。

周作：社会福祉法人が解散するときは、原則、基本財産は国の帰属になります。剰余金をどのタイミングで何に使うかは経営の手腕だと思います。ところが、剰余金を充実残額として5年以内に全部使いなさい、その計画書を出しなさい、行政が認めてあげるから、という構図はまちがっています。もう一つは、充実残高の算定の仕方を見ると、借金をしながら働かなければならないようになっています。借金がゼロで充実残高がたくさん残っているのならわかります。厚労省が示す計算方法では、借金があるままで充実残額を出す計算方式です。充実残額は借金返済には充てられません。見方を変えれば、減価償却累計相当の資金による借金返済は認めるが、施設の更新・増設は各自の借金債務で実施せざるを得ない計算になっています。

勝則：社会福祉充実計画を実践させることを定めた趣旨は、現状維持のための再投資です。

現状維持の剰余金を前提として、これを超える余剰資金があるかないかを検討していま す。減価償却による資金の確保と現状維持のための将来修繕費用に物価水準上昇率を掛け合わせた額と現状の剰余金を比較します。超過していれば余剰があるとして改善勧告が出ます。

塚口：それをやっていきなさいという方程式ですね。

勝則：一般企業の経営というのは、一つは、収益を拡大していくこと。二つには、コストを削減していくこと。三つ目には、コストを減らすために新しく生産技法を改善すること。製造メーカーであれば新しい製品を出して、さらに開発していこうとするものです。社会福祉法人での現状の論議は、収益拡大の論議でもなければ、新製品開発の論議でもないですね。新製品（これは新たなサービスを指す）を開発しなければ、２０３０年以降の超高齢社会を乗り切れないと思います。その役割が果たせない社会福祉法人は滅び終焉を迎えざるを得ないのではないでしょうか。

塚口：勝則さんが言われる開発という側面から見ると、新しいサービスの開発ですね。

　また、経営問題に戻った感じがしますが、私が宮崎県の延岡にいるとき、北方町の山奥に暮らされ、要介護状態であるご主人を年老いた奥さんが介護されていました。その奥さんに介護サービスを受けないのですかと聞くと、デイサービスに一度行きました。ところが、1時間半かけて山道を走り、デイサービスで過ごし、また1時間半かけて帰って来ると翌日から寝込んでしまって大変だったと言われていました。介護ヘルパーさんにも来てもらいましたが、バイクで往復3時間かけてきてもらうのに気を使い疲れてしまいますから1回で断りましたということでした。家庭介護は虐待につながるという論理で出発した介護保険の理念は、こうした「老老介護」には何の手当ても届かないことになります。こういう現状を見ていると、ドイツの介護保険制度のように、家族介護者に一定の報酬を払う仕組みを導入すべきだと思いました。反面、ドイツのようになったら社会福祉法人は大変です。ドイツでは家族介護者に報酬を払うことになったとたん、ナーシングホームの利用者が激減したと聞いております。同じように、日本では特養の利用者が激減するのではないですか。勝則さんが言われたように特養は10年先、20年先を見通して新しいサービスのあり方を開発することではないでしょうか。例えば、今の日本の介護サービスは「施設」か「在宅」かの二者択一です。そうではなく、その中間どころのサービスを開発することも必要なことです。充実残額を使ってこの研究と実践を進めていくというのはどうでしょうか。

周作：家族介護がサービスの一つとして認定されれば、介護報酬が支払われることになりますね。私は、残余財産でヘルパーを雇用して在宅高齢者を支援し、自立が困難になったら特養利用に結び付けるという支援リンクを始めたらよいと思います。

塚口：社会福祉充実計画について論じ合いましたが、一定の問題提起にはなったかなと思います。

〔コメント〕笹山博司

今回、この計画は、社会福祉法人はお金が余っているという前提の制度であると思います。果たして、本当に残額が出ている法人は少ないのではないかと思います。社会福祉法人に補助金を得ているので、ただ、残しているだけであるなら、社会還元しなさいという理屈はわからなくもないです。

〔コメント〕辻尾朋子

福祉充実計画の許可を市町村が出すということは、市町村に専門的にわかる人がいないといけないと思うのですがその整備は進んでいるのでしょうか。また、地域の福祉課題に継続が難しい社会福祉充実計画で対応することは、本当に住民のためのサービスとなるのでしょうか。もう一度住民の立場に立って考えなければならないと思います。

社会福祉法人のリーダー像について

塚口：次の課題として、社会福祉法人のリーダー像について論議をしていただきたいと思います。

経営を動かすにはどのようなリーダーが必要でしょうか。勝則さんは様々な経営者と接してこられた経験から経営者像を提起していただきたいと思います。周作さんは、ユニークな社会福祉経営者として多くの関係者から高い評価を受けておられます。特に、その一方で介護サービスを提供する株式会社を経営し、非営利の社会福祉法人の経営との間でシナジー効果を発揮しながら進めておられる、いわば二刀流経営者です。こうした立ち位置を踏まえてお話しください。

勝則：私の過去の経験は、上場会社の決算を監査するというのが主たる業務で30年ほどやってきました。残りの10年は、コンサルティングや会社を上場させることや海外進出の仕事をしていました。

上場会社でも大きく分けると二つから三つのタイプのオーナー、リーダーがいます。一つの分け方としては、オーナーリーダー、オーナー系ではないサラリーマン的なリーダーの2種類があります。例えば、ソフトバンクの孫さん。オーナー系株をたくさん持っています。私もお手伝いしたのですが、上場した時はいつ潰れてもいいような本当に小さい会社でした。借金も多いし、彼はノウハウや技術的な特許を持っていませんがアイデアを売るという手法とアピールが上手いですね。彼自身は技術者でもないから心配してついていかない人はいっぱいいました。

次に、オーナー系でユニクロの柳井正CEOさん。この方は、自分のアイデアで事業をグイグイ引っ張っていくタイプです。

同じオーナー系でも違うのが豊田章男さん。大正製薬の上原明さん。昔の上原さんは大株主でユニクロと一緒でしたが、今の上原さんはオーナーとは言えないと思います。株は2～3％しかもっていません。豊田さんも0・1％ですがオーナー系に入ります。

財閥系で三菱系とか三井系はサラリーマン系リーダーで、オーナー系とはいえないですね。

オーナー系のリーダーというのは自らが意思決定し強いリーダーシップで引っ張っていくリーダーのことです。

社会福祉法人は、規模は小さいですけれども、オーナー系の経営者が多いようですね。

もう一つの分け方として、リーダーシップの側面から分ける方法です。すなわち、調整型リーダーと非調整型リーダーです。非調整型リーダーは本当のリーダーシップを発揮していくリーダーだと思っています。日本のリーダーの大半9割が調整型リーダーです。

塚口：もともとのオーナーはどんな位置におられるのですか。

勝則：最初はオーナーで株を50％以上持っているのですが、薄まっていきます。松下幸之助さんはオーナー系。次の松下社長はオーナー系に近いが株式保有が少なくリーダーシップに欠けると思います。さらにその息子になると一介のサラリーマン役員です。

塚口：勝則さんから見たらオーナー型と非オーナーで調整型、この非オーナー型が上場会社の9割を占めていると言われましたが、将来はどうなのでしょうか。

勝則：調整型のリーダーは、いつでも年齢なり目標が終了すると次の経営者に代わっていきます。何か起こったら責任を取って頭を下げて次に代わることになります。これがオーナーの場合とか非調整型のリーダーはそうはいきません。例えば、スズキ自動車の鈴木会長ですが目標が達成されるか、されないかに関係なく次の目標や長期戦略を設定して従業員を奮い立たせ前進させておられます。これができないと非調整型のリーダーはその価値を失ってしまいます。

周作：富士フイルムもそうではないですか。

勝則：富士フイルムもそうですね。セブンイレブンの鈴木さんもそうです。コンビニを開発してきた鈴木さん、オーナー家と仲たがいすることはあると思いますが、リーダーシップが優れていると思います。やはり私はリーダーシップが優れているのは、非調整型の社長と思います。

塚口：社会福祉法人はオーナー型の理事長や経営者が多いですがあまり勉強しないし、リーダーシップも発揮していないように感じます。これをどう見たらよいのですかね。

勝則：オーナー系というのは元々リーダーシップをもっています。オーナーとして一言いえばそれがリーディングになります。ただ、社会福祉法人というのは、オーナーシップを公益にしたからといって本当のオーナーシップは発揮されないのではないかと思います。

社会福祉法人を設立する際、本人が寄付行為をしようが、先代がそれをしようが、経営者の考えの中には自分のものだという意識が強いと思います。ところが、リーダーシップを取ってこういう方向に進もうという決断意識は薄いです。

周作：一般企業だったらそういう状況であれば倒産しますよね。社会福祉法人は倒産しないです。社会福祉法人は、国に代わって社会福祉・介護福祉の第一線を担っているわけですから、よほどのことがない限り解散や倒産はありません。しかし、国がかむと一番優秀なリーダーに標準を合わせず、一番レベルの低いリーダーに合わせているのではないかと勘繰りたくなります。ですから、経営者にとっても国が保護しているという意識があるから経営能力を高めなくてもやっていけると思っているところがあるように感じます。

勝則：社会福祉法人ができる前は国が保護や救済をやっていたのですか。

塚口：国は明治7年に恤救規則を制定し「無告の窮民」を人民相互の情誼で助け合えという

法律を作りました。これは、岩倉具視が明治4〜5年ごろロンドンを視察し、ロンドンのスラム街を見て、また、エリザベス救貧法に接し、「救貧はほどほどにすべし」という意識をもって、帰国後この恤救規則を作ったと言われております。その後、この恤救規則は救貧法（昭和4年）に変わり、第二次大戦後の昭和20年12月、生活困窮者緊急生活援護要綱を経て、旧生活保護法（昭和21年9月）、新生活保護法（昭和25年5月）と変遷してきております。戦後の動きはGHQの強い指導の下で進められました。しかし、これは生活困窮者の救済で、戦災孤児の救済、障害者の援護、困窮高齢者の救済などの多くは篤志家による慈善事業で行われていました。この慈善事業が源となり、昭和26年の社会福祉事業法で社会福祉法人に位置付けられました。

また、新憲法ではその第25条に国民は健康で文化的な最低限度の生活をする権利を有するとし、国は、国民のその権利を保障する努力義務があることを規定しました。

その後、各種福祉法ができましたが、実際、国が直接に生活困難者や自立困難者の支援することは困難です。社会福祉法人は、国に代わって福祉行為を行うものとして位置づけられた経緯があります。

勝則：時代の流れとともに変わってきています。社会福祉法人の出資比率の視点から見ると、昔は国が50～60％のオーナーシップ、今は、民間が80％のオーナーシップを持っていると考えられるのではないでしょうか。そうなると、国は20～30％のオーナーシップしかありません。国は大株主ではあっても過半数を超えていません。それなのに、１００％の口出しをしているからおかしくなるのです。

今は法人設立時や新しく施設を造るとき、個人の出すお金のほうがはるかに大きくなっています。今回の社会福祉法の改正を見るに、国の関与が多く出てくるのは間違いだと思います。20年前のやり方だったら正解ですが、今だと2割しか口出しせず、残り8割は法人の自主性に任せないといけませんね。

周作：今後もっと国からの補助が少なくなってくることが考えられます。国のオーナーシップというのが20％なり10％になってくると国の口出しエリアは最低限のところだけでよいのではないでしょうか。そうすると、80～90％のオーナーシップを持った経営者が、サービス利用者のニーズや地域のニーズに合ったユニークな事業展開ができるのではないかと思います。こうなると、法人の経営能力が厳しく問われてきます。柳井さんのユニクロは、最初の頃、誰がこんな服を売って儲かるかという世評から始まった会社です。それが柳井さんの経営能力でここまでの会社に成長しました。社会福祉法人もそうなるのではないかと思います。

塚口：サービス内容も保険報酬も全部細部にわたって法律で決まっているではないですか。裁量がほとんど効かないところにどうやってオーナーシップを発揮するのですか。

周作：私はある程度は発揮できると思います。法律で決められていても、例えば、ヘルパーの派遣事業をするかデイサービスをするかは選択の余地があると思います。どの事業をするのかも、いつするのかも、どこでするかもすべて経営能力がいります。介護報酬自体は決まっていても選択の余地があるから利益が上がる場合もあれば赤字になることもあります。それがリーダーシップであり経営能力です。

勝則：タクシーの初乗り料金は実質的に固定されていました。電車に乗ったら一区間180円から始まる、これは通産省が決めています。そうした中で、タクシー業界に新しい風を吹かせたのがＭＫタクシーです。これは国土交通省がものすごい縛りをかけてきた中で行いました。制約が厳しい中でリーダーシップをどのように発揮するのか、ＭＫタクシーは、ワンコイン５００円で行こうとしました。これが国土交通省では最初認められないときました。ところが、ＭＫタクシーは初乗り５００円で押し切りました。５００円で勝負をして勝てる自信とそのリーダーシップがなければできないことですね。

社会福祉法人もその点では同じですが、ＭＫタクシーのようなところはでてきていないです。

リーダーシップをもって今までの殻を破っていこうとすると、これはすごく抵抗にあうと思います。そうではなく、殻の中でいろんな条件を調整しながら自分のリーダーシップを発揮していこうとするやり方がこれからは求められているのかなと考えます。社会福祉法人でトランプ大統領みたいな突出したやり方をするとものすごく叩かれます。そういうことをしないで、いろんな条件をうまく調整しながらリーダーシップを発揮するリーダーが求められているのかなと感じます。

周作：社会福祉法人は、リーダーシップを発揮するのではなく、オーナーシップを翳しているところが多いと思います。例えば、Ａという人が作った法人はＡの子どもや孫が継ぐという社会福祉法人の典型的な継続スタイルの中で、職員はオーナーだからついていくというパターンで今日まで来ていましたが、これからは、リーダーシップを発揮できない経営者には誰もついてこなくなるのではないですか。

塚口：以前、住友の創業者の子孫という方にあったことがあるのですが、その時は、住友電工の相談役でおられました。住友グループは、オーナー以外の人たちが動かしています。

社会福祉法人も近い将来そのようになるのではないですか。

なぜかと言いますと、1法人1施設の、弱小法人は段々と姿を消しつつあります。一つの法人が多くの施設や事業所を経営するようになってきました。そうなると、オーナーの親族だけで対応することができなくなります。必然的に、他人を施設長や事業所の責任者に据えることになりますが、オーナーの意識が閉鎖的で「他人は信用できない」などと言っていると経営戦線から取り残されていくことになります。大きな法人は、近代的ガバナンスの意識を持ちその手法をいち早く取り入れていかないと競争には勝てないと思います。

周作：社会福祉法人は、夢工房のような事件が起こらないと変わることができないようでは困ったものです。以前に論議したように、社会福祉法人の経営者は社会福祉の理念を深め、経営論をもっともっと勉強しなくてはならないと思います。今、現場は人材に枯渇していてそれを埋めるために「誰でも採用する」傾向が強まっています。採用した職員に使命意識を持ってもらい、人を支援するにふさわしい人材に育て上げなくてはならない役割が経営者の肩に重くのしかかっています。社会福祉法人経営者にはこの苦境を乗り切る強い意志と経営手腕が求められていると思います。

勝則：私は、社会福祉法人のオーナーにはそれほど魅力を感じません。優秀な経営者だと3千万、5千万の給料はほしい。退職金でいえば1億円はほしいです。彼らは、金銭的には社会福祉法人のリーダーとして活躍する魅力を感じません。塚口さんが言っておられるように、優秀な非調整型リーダーは外へ出るだろうと思います。金銭面でいうと魅力はありませんが、それに代わるものとして社会的使命、ミッションをみんな持っています。経営者が社会的使命を果たしたいというミッションを基礎としてリーダーシップを発揮しなければ、そこで働く何百人の職員を引っ張っていけません。

塚口：両方とも大切ですね。

周作：そうですね。両方を満たすようなリーダーを育てる環境・教育が必要ですね。ただ、社会福祉法人のリーダーは社会的使命と公益性を重んじる経営論が必要です。使命が欠けてしまうとお金さえもらえばいいという考えになり、不正が起こります。民間の会社なら自分が利益を得るためということが、出発点ですが社会福祉法人の場合は社会的使命や公益性が大事というところから出発しているところがあります。塚口さんが言うように、両方のバランスが必要ですね。

勝則：大企業の場合も社会的使命は大事です。例えば、自動車製造を見ると、まず、環境保全の立場から排ガスを少なくする、安全性を徹底して追及する、しかもコストを下げなければならない等々、こうした使命を果たさないと企業は衰退していきます。このためにリーダーも従業員も必死になります。その対価は必ず高い報酬で帰ってきます。社会福祉法人には努力の対価が少ないです。ですから「努力をしてもしなくても同じ」という意識になり、経営努力をしないオーナーやリーダーが生まれることになります。厚労省も建前はもっともらしく装っていますが、本音は、そこそこのリーダーの方が御し易いと考えているのかもしれませんね。

企業は社会的使命を追求するだけでなく、社会貢献にも力を入れています。例えば、アメリカのジョンソン&ジョンソンは、ピンクリボンで乳癌の献金をしています。そうすると逆にジョンソン&ジョンソンの商品を買おうという行動につながり経済の循環が生まれます。

塚口：社会福祉法人でも似たところがあります。いろいろなサービスや地域貢献をすることで「あそこの法人のサービスを受けたい」と顧客を開拓することに通じます。商品とサービスとは違いますが、ささゆり会で敬老会をします。豪華な三段重を来た人に無料で提供されます。私は、最初は「もったいないことを」と思っていましたが、その評価が変わってきました。地域の高齢者を招待することで、高かった敷居が低くなり、職員の献身的な関わりで、「将来、要介護状態になったら、ここの特養にお世話になりたい」とほとんどの参加高齢者は思っているようです。周作さんの将来に向けての投資だと思います。

周作：社会福祉法人も地域から好かれないとやっていけません。経営者は頭の中心にそのことを置いておくことが大事だと思っています。

塚口：3年ほど前に社会福祉協議会の100周年記念式典がありました。斎藤十郎さんが全国社会福祉協議会の会長をされていて、僕も感謝状をいただいたのですが、その式典に天皇・皇后両陛下がお忍びで来られて祝辞を述べられました。社会福祉協議会の源流は渋沢栄一が立ち上げた日本の中央慈善協会（明治41年）です。この慈善協会はその後社会事業協会になり、社会福祉協議会の構成団体となりました。

大正時代に日本の財界をリードした渋沢栄一が、その一方で貧困者救済事業や母子家庭の援護を先頭に立って進めました。今日の財界指導者は社会福祉問題に無関心な人が多いと思います。渋沢は、経済人ではありながら、いつも人間の徳みたいなものを頭においていました。孫さんが社会福祉事業に踏み出したとは聞かないですね。今の企業人から渋沢のような人物が出てくると社会福祉法人の経営者も影響を受けるのではないかと思います。

勝則：企業のリーダーに、「あなたの社会的使命は何ですか」と問い詰める人は少ないです。マスメディアもそんなことには無関心です。今日のマスメディアは、よい意味で世論をリードする力量はありません。

現役時代の阪神タイガースの赤星選手は、盗塁を一つしたら車いすを1つ寄付されていました。また、テレビを見ていたら、アフリカの赤道直下にある共和国に日本人が学校を作っているそうです。その共和国の国民の年収は150万円程度。子供たちの授業料は無料。給食費も無料。それは、ビートたけしさんが毎年3千万円寄付されているということでした。企業人もこうした社会貢献を見習ってほしいと思います。

周作：社会福祉法人のリーダーは社会の動きを敏感につかみ、さらに社会福祉問題には敏感に行動できるようになり、生活に困っている人たちの暮らしをどのように支援するかの方策を誰よりも先に提示し実行しなければならないと感じます。

塚口：非営利組織である社会福祉法人のリーダーとして、どのような要件を備えておかなければならないかを論じていただきましたが、さらにその続きとして、リーダー個人の資質といいましょうか、一人の人間としての資質といった面から話を進めてみたいと思います。

勝則さんはその経歴から様々な企業のリーダーの人たちとお会いになって、特に、魅力あるリーダーや印象に残っているリーダーなどについてお話ください。

勝則：個人的に思ったことでお話します。すでにお話したオーナー系と非オーナー系、調整型と非調整型に分けられるというようなことを話しましたが、日本に帰って10年ほどオーナー系社長の上場支援業務を行ったとき、オーナー系の社長は皆さん一癖も二癖もありました。芯が強い人ばかり、頑固で信念を持っておられました。そうでないとこれまで積んできた実績を、株式公開して、株主のもとに届けるには3年から5年を要し、長い道のりの上の上場です。みなさん自ら作り出した商品なりサービスに強い自信を持っておられました。調整型の人で一から上場させる社長は少ないです。

塚口：おっしゃることを聞いていると調整役のリーダーは魅力が乏しいということですか。

勝則：本当に苦労して、上場して、挙句辞めていく社長もおられ、外から見たときに、あるいは従業員の方たちには魅力がないように見えます。

塚口：勝則さんにとって癖がある社長が面白いですか。

勝則：そうですね。調整型の人は、優秀で下から上がってきたとしても周りに潰されてしまうことがあります。普通の社長はまず潰れます。

塚口：調整型の社長はいろんなところに目配りされるタイプですよね。目配りするために自分の個性をなかなか出せない、そのようなタイプですよね。

勝則：大阪の町工場で、大企業ができないような商品を売り出したり、技術力を発揮したりしている会社の社長はとても個性的な人です。そういう個性が社会福祉法人でも必要なのかなと思います。

塚口：明治時代に慈善事業を起こした人は個性的な人が多いですね。自分の利益や名誉を捨てて慈善事業に没頭する。今ではまねできないような創業者が多いです。今は、そうした強力な個性派はほとんどいなくなりました。ただ、慈善事業を起こした人たちは強力な個性を持っていましたが、素晴らしい人徳を備えていたと思います。協力者は、やっていることは今一つわかりませんが、あの人がやっているのだから協力しようとした形跡は多く見られます。

社会福祉法人を引っ張っていこうとするリーダーは、やはり人徳も不可欠な条件だと思いますよ。

周作：今の社会福祉法人の経営者は、２～３代目が多いです。先代が苦労して行ったことが記憶にないような人もいます。オーナーの子息というだけで経験もなく介護のノウハウも持たないまま施設長や法人役員になっている人はリーダーシップなど備えていません。

近年社会福祉の分野は、国の補助金や制度の整備などが昔に比べて整ってきました。昔は何もなく、ゼロから全部創り上げてきました。今は、法人を立ち上げるにしてもスムーズにでき、初めから枠にはめられています。私の場合も枠の中での立ち上げでした。

塚口：現在は、癖のある経営者はかえって現代的な経営の波に乗れないのではないですか。

周作：施設の立ち上げなどは資金力が必要です。最初の頃の立ち上げは、「一法人一施設」と小さく立ち上げていますが、私が立ち上げるころ、今から20年ほど前は大きく立ち上げるようになりました。特養１００床、ショートステイ30床、ケアハウス36床といった具合です。事業規模が大きくなると事業全体を俯瞰して適切な指示や判断ができるリーダーが求められてきます。

勝則：明治・大正時代は、日本は産業の創成期、当時の慈善事業は、すべてを投げうって打ち込むような人がリーダーでないとできなかったでしょうね。戦後は、社会福祉にかかわる法律が整い、国の責任で福祉事業を進めるようになると、個性型より調整型のリーダーを求めるようになってきたのではないですか。近時、福祉サービスの担い手は社会福祉法人だけでなく、規制緩和の中で株式会社の参入も始まりました。社会福祉法人は、株式会社の有料老人ホームと勝負するためには、よほど優秀なリーダーを持たないと勝てないのではないですか。

周作：客観的な情勢から言うと、要介護老人が急増していきます。その高齢者たち全員が特養を利用することができないので、特養利用者の利用条件が厳しくなりました。今は、要介護度3以上でないと利用できないです。こうなると、形にはまった経営しかできなくなります。こういう時には頑固で信念を持った経営者でないとやっていけないように思います。

塚口：今日の社会福祉法人の経営は、頑固で他人の言うことには耳を貸さないような一徹な経営者でなく、法人の組織力を十分に発揮させる条件が整えられるような、むしろ調整型のリーダーが必要なのではないかと思います。

勝則：気持ちとしては揺らぎのない信念を持った人がリーダーとして求められていると思い

ます。しかも、いろいろなアイデアを出して規制と規制外の間をうまくかみ合わせるようなリーダーが必要でしょうね。この調整は難しいです。しかし、規制の中で環境、技術、社会のニーズが刻々と変わるときに、規制外のことも取り組む気概は必要だと思います。

塚口：周作さんとは20年ほどのお付き合いになりますが、どちらかといえば個性派リーダーだと思います。職員の指導には大変強引なところがありますが、必ず、フォローをしておられます。このフォローがないと叱られた職員はへこんでしまいます。反面、職員一人一人が資格取得に取り組む、働きやすい職場環境や条件づくりに奔走するなど大いに調整型のリーダーとしての力も発揮しておられます。

周作：世の中がどのように変化していくかを読み込んでいかないといけないと思います。そのためには、今どのような手を打つ必要があるか、職員にこの情勢の変化をどのように理解させるか、その上で、職員それぞれの立場で、今何をしなければならないかを考えてもらうために、つい、厳しい叱責になったりします。人間は、年を取ると丸くなると言います。私が丸くなるのを期待しておいてください。

再びリーダー論に戻って

塚口：今、勝則さんからお話いただいた内容については、これからの論議の中でも出てくると思います。

ここでちょっと元に戻りますが、この編集に携わっている笹山博司君と辻尾朋子さんにお聞きしたいのですが、個性的リーダーと調整型リーダー論などをお聞きしたのですが、あなたたちは、どのようなリーダーが理想的だと思いますか。例えば、理想的な上司というのが雑誌やテレビで取り上げられています。青山学院大学の駅伝の監督であったり、俳優の水谷豊さんであったりと。

辻尾：個性的な部分と、話を聞いてくれる細やかさを持っている部分を兼ね備えているようなリーダーが理想的であると思います。一方的ではなく、話を聞いてくれる、気持ちを理解してくれるリーダーが良いですね。よき理解者というようなイメージがある人が理想的な上司に名前が挙がるような人だと思います。

博司：今求められている上司は、みんなの意見をよく聞いて、みんなと意識・価値観を共有しながら進めていける面倒見のいい人が理想的だと思います。今の時代は、一人の100歩より、100人の一歩が大切なのではないかと思いますが。100人の一歩では変化についていけませんので、100人の50歩を目指さなければなりませんが。

塚口：リーダーの個人的な資質の面でいえば、私が仕えてきた上司はよく勉強されていました。自分で学んで知識を膨らませる。あるいは、精神を豊かにすることを絶えず意識されていたように感じます。怒られた時でも、あの人に怒られるのだから仕方がないと容認できました。そのようなリーダーに接してきたことで自身もそのようでありたいという思いがどこかにあります。前に、渋沢栄一の話をしましたが、渋沢は、自分の信念として企業の立て直しや新たに起業していくことに力を入れた半面、恵まれない人たちに目を向けたり、日本慈善協会を創設し慈善活動を広める社会的活動を進めたりと、サイドワークで全く別の非営利な活動に力を入れてきました。これが渋沢栄一にとっての男の道ではなかったかと思います。まさに、人間性の発揮を求め続けた姿とみることもできます。

勝則：リーダーとしては、一般企業のリーダーであろうと社会福祉法人のリーダーであろうと同じだろうと思います。魅力がなければいけないし、みんなの理解者であって、なおかつ、リーダーシップを発揮できる人でないといけないということです。その両者の違いは、リーダーとして持てるミッション・使命が社会的使命なり社会的貢献を最優先においている人が社会福祉法人のリーダーであるべきだろうと思います。一般企業の場合、上場会社で大きくなると、国の経済を支えていくこと、業界を発展させることなどの社会的ミッションの割合が大きくなります。

塚口：今の主題は、社会福祉法が改正され、特に、社会福祉法人のありようが変わってきました。この変化に社会福祉法人としてどのように対応していくかについて、ガバナンスの強化の課題から入ったのですが、再度、リーダー論に戻り論議をいただきました。

さて、行きつ戻りつになりますが、今度の法改正にどのように対応していくかについて再度ご意見をいただきます。

経営の要諦はモチベーションを上げること

周作：社会福祉法の改正、その発端は、キヤノングローバル研究所が発した記事だと思います。その内容は形式的な数値にとらわれ、本質的に間違ったことを書いていますが、霞が関は好機ととらえ、今回の改正に結び付いたと推測しています。財務省が厚労省に圧力をかけ、厚労省がそれに乗ったというように私は理解しています。その記事が出た当初に全国老人福祉事業協会も適切な反論をしておかなければならなかったと思います。財務省は、これで介護報酬が下げられると判断し、厚労省は社会福祉法人をより強くコントロールできると考えて今日に至っていると思います。

私が、この改正で一番気になるのが、経営者や職員のモチベーションが下がるということです。どのような条件であれば経営者のモチベーションが上がるか、はたまた、職員のモチベーションが上がるか。このモチベーションが上がることこそ、介護の質を上げる、職員が意気に感じて働くといった要素につながります。厚労省はこのことを全く考慮していないように感じます。そういう意味では、今回の改正はモチベーションを下げ意欲を削ぐ改正です。社会福祉、特に介護福祉について言うと、職員が使命感を持って意欲的に打ち込める制度的環境が準備されないとなりません。今回の改正はそれを削いだと思います。介護の質を高めていくなど介護職員の意欲を掻き立てるものが今回の改正では全く見られません。残念に思います。

塚口：周作さんは、法改正当初から先ほどの批判をされています。さらに付言すれば、この改正によって新たに特養を建設しようとする動きは著しく減退するのではないかと周作さんは言っておられます。

キヤノングローバル研究所の論調も含めて、勝則さん、発言してください。

勝則：ちょっと記憶が薄れていますが、周作兄からＦＡＸで記事を貰って見ました。発言者なりのロジックがあるのかもしれませんが、会計学的にはおかしいところがあることに気付かされます。現状の施設を将来も維持していくことを考えた場合、リプレイスしていくコストは、今までは減価償却だけで、物価上昇なり修繕なりが必要でないならば、現状の取り換え維持コストで賄えるかもしれませんが、それ以上はいけません。物価上昇、修繕コスト、運営費用を考慮しなければなりません。剰余金はまさにこれらに備えた将来の運営資金のストックです。資金的側面からは減価償却を通じて稼いだ資金を借り入れの返済に充てなくてはならないとなると、現状の施設建設に将来も同様に外部借入資金が必要となります。将来、外部機関および国がこれまでと同様に助成金と借り入れに応じてくれるかは疑問ですね。

周作：私は、30年たつと制度疲労してきて潰れるのかなと思いました。制度疲労はもちろんあるのですが、リポビタンDは30年たってもみんな飲んでいます。すごい商品です。オロナミンCもそうです。

塚口：神戸のビオフェルミンも長いですね。

周作：最初は小さい存在でしたが、コンビニの売り上げで浮上しました。息の長いシステムです。今はアマゾンが頑張っています。新しい商品や新しいサービスを開発していくことは、経営者に求められていますね。

塚口：社会福祉法人は、新しい商品や新しいサービスを開発してもよいかなと思うのですが、どうでしょうか。

周作：そうですね。本当にイノベーションを起こさないといけないと思います。ところが、その余地が非常に少ないです。いろいろなことを考えますが、イノベーションを誰か起こすかもしれませんが、介護の領域でイノベーションを起こせるところはＩＴ関係です。これは日々進んでいます。介護ロボットは20年間見ていますが、思ったように前に行きませんね。世間の人は、ロボットが勝手に移乗や入浴などの介護をしてくれるといったイメージを持っていますが、これから20年たってもそのようなものは出てこないように感じています。これが現実です。

勝則：経営者のモチベーションの話に絞れば、もしモチベーションがあって商品のイノベーションを起こせば会社が豊かになり、給料が上がり、業界の地位も上がり世界で勝負するようになります。小野薬品のオプジーボ、これを出したら武田製薬に勝ってしまいました。日本では小野薬品はあまり知られていませんが、世界に行くと違います。

塚口：大きな企業が研究機関を持っていて、開発はそこがやっているのですか。

勝則：薬メーカーは独自の研究所を持っていて、そこで開発しています。研究所は創薬期（タンパク質の化合を調査し、動物による実験をする機関）の活動が中心ですが、治験期（人体への影響を調査する期間）も重要です。製薬メーカーは治験者を集めドクターから治験結果を集め研究所に送る役割も担っています。

塚口：銀行などの金融機関も研究所を持っていますよね。これはどのような機能を果たしているのですか。

勝則：いろいろなレポートを作成しています。例えば、みずほ研究所が何をやっているかというと主にはマーケットリサーチです。同時に、業界、欧米への世界戦略を考えています。

塚口：笹山博司君は医学博士号を持っているし、研究思考の視点や知識を持っているので、社会福祉法人ささゆり会に社会福祉研究所を設けたらどうですか。

周作：私も大学等の教育機関の研究のあり方を見てきましたが、結局、理論をもてあそび、現場の役に立っていません。現場の役に立たない理論が学会で評価されたりしています。そんなこともあり、塚口理事長と話し合っている中で、社会福祉法人が実学的な研究所を持ってもよいのではないかと考えるようになりました。その研究が、また、社会貢献になるのではないかとも思います。

博司：規模が大きくなればそのくらいのことを考えないといけないと思います。そうすると、福祉・介護ニーズのリサーチを行ったり、専門的な研究成果を現場から発信することもできます。福祉や介護の研究は現場の状況を踏まえないとなかなか実践に結び付きません。

辻尾：私も今大学で社会福祉士の養成に携わっていますが、大学の社会福祉学や介護福祉学は現場の状況から遊離しすぎているのではないかと思うことがあります。社会福祉法人が研究所を持つことは面白いと思います。

周作：日本で今慌てているのは人材確保の問題です。本当は、介護の技術の論議や海外の先進国との比較なりの話が出てこないといけませんが、人材が不足しているので、この確保をどのようにするか、私個人としては勉強をしているところです。具体的には、技能実習生の受け入れ方などです。ＥＰＡでは、名目は外国人の技能を高めるために日本に来て実習をし、そこで学んだことを本国に帰り活かす。技術移転が可能だと謳っていますが、日本の人手不足を埋めるためとは決して言いません。

塚口：今回の社会福祉法の改正は社会福祉法人に焦点を絞っています。ここで大事なことは、社会福祉施設・特養でサービスを受けている高齢者は、高齢者全体の10％程度です。残りの90％は、在宅で家族の介護を受けながら、自身の蓄えを消費しながら何とか生活しているという状況です。そのような高齢者に焦点を当てて、施設利用ができない高齢者の介護を将来どうするのかの視点が今回の法改正では見えません。

もう一つは、在宅で介護支援を受けながら高齢者の寿命、正確には平均余命と特養に入所されている高齢者の寿命を比較すると大きな差があると感じています。60歳になった人が施設サービスを利用すると平均余命は30年、40年と長いです。在宅高齢者と比べると恵まれています。例えば、空調の管理や食事は三食心配なく栄養バランスも考えられています。医師の往診や看護師の常駐など恵まれています。一方在宅者はどうかというと、寒い時は買い物にも出られなかったり、食事も簡単なものを始末して食べていたり、体調を崩しても医者にも行けないなど雲泥の差があります。周作さんともよく話すのですが、社会福祉法人の体制をもっともっと強化して、在宅高齢者の生活支援ができるようにしないと、２０２５年以降はたくさんの介護難民が生まれるのではないかと憂慮しています。

周作：塚口さんが言われたように、このままでは日本の高齢者介護はお先真っ暗です。研究者はどんな方向を示そうとしているのか、業界団体は各法人から集めた高い会費で高級クラブを飲み歩いているなど話になりません。

特養は、全国津々浦々に建設され、介護に携わる職員は何十万人にもなります。この資源を施設利用者だけでなく在宅の高齢者の介護や生活支援に向けたら今よりも展望が開けるのではないかと考えています。そのための条件が必要です。現状は、施設サービス利用者に対応するにも人材が足りません。このままではとても在宅高齢者へは手が回りません。国は思い切って、介護人材を大幅に増やし、施設、在宅どちらの高齢者にも対応できる体制を整えるべきだと思います。ケチな根性で、剰余金を使って地域貢献しなさいなどとしみったれたことでごまかそうとしていては２０２５年以降を乗り切れないと思います。

介護人材を増やす為の施策とは

塚口：介護支援は人がやるもの、なのにその人の確保が大変難しい状況です。問題は、この人材確保が個々の社会福祉法人に委ねられていることだと思います。

社会福祉法が新しく制定されたとき、市町村は必ず市町村地域福祉計画を策定するよう義務付けられました。その地域福祉計画では、高齢者の動向に対応したサービス提供の方策を計画化しなければならなくなっていますが、問題は人材です。様々な業界で人材不足が起きていますが介護もその典型分野です。

周作：人材は、景気が悪い時には介護に来てくれますが、景気が良くなると介護には来なくなります。介護は以前3K・4K職場などとマスコミに喧伝されて一層人が来なくなりました。そういう意味ではマスコミの報道の影響は大きいと思います。介護は人の生き方を援助する仕事だと思います。給料だけの問題ではない、その仕事の意義を深く理解し、その仕事にやりがいを感じてこそ勤まる仕事です。マスコミは、超高齢化の問題を、どちらかというとマイナスイメージで報道していますが、そうではなく、超高齢化社会を称えられる、しかもその社会を下支えする介護がいかに大切な意義深い仕事であるかを報道すべきです。社会にそういう風潮が生まれれば、介護職により多くの関心が向くと思います。

勝則：介護人材は量の問題と質の問題があるのではないですか。量を確保するのが困難な場合は質の低下を招きます。今、EPAや外国人技能実習機構などを通して外国から人材を受け入れていますが、これなども、国がもっともっとバックアップしないと「焼け石に水」になりかねません。特に、外国から介護職に就くために日本にやってくる人たちに国が安い費用で日本語教育を実施するなど対応が必要です。

塚口：アメリカのナーシングホームで働く介護職員の70％くらいがヒスパニックの人たちで英語が通じません。だからコミュニケーションが取れません。そのような状況をつくらないということで日本は厳格にやっていますが、これでは追いつかないと思います。

周作：私の法人でもベトナムからの職員を受け入れています。Ｎ３（註）の資格を持っていますが日本語はまだまだです。要介護度が重い人は日本語でコミュニケーションをとる場面が少ないです。しかし、日本語に慣れてもらうためには１週間に１回デイサービスを手伝ってもらっています。

（註）Ｎ３とは、日本語の習熟度で、Ｎ１の最高からＮ５の最低ランクまである。

勝則：言語トレーニングのためにはそれはいいでしょうね。ほんとうに日本語は難しいです。もしかすると取り残される可能性すらあります。イノベーションを起こしてサービスの多くのところにロボットやＡＩなどの活用で、今まで10人で当たっていた仕事を９人でやれるようになると１割削減になるわけです。これは凄いことですよ。

スーパーホテルのお客は女性が６割です。経営方針として効率性を考え、受付に人を置かずにロボットでやろうと提案しました。それを申請したところ役所からかなり怒られました。旅館法というものがあって宿泊者台帳に自筆で記入しなければならないということです。コンピュータでやるのも駄目みたいで、ネットでの申し込みや顔認証でやるのも却下されました。何か新しいことをしようと思うと、こうした障害が立ちふさがるのです。介護技術の革新を進めようとすると必ず、これは人がやらないと介護報酬は出せませんよといったことが起きると思います。その壁を破らないと前進はありません。

周作：厚労省の裏にある思想は何だと思いますか。質の高いサービスは必要ないと思っているのですかね。要支援や要介護1のところに力を入れれば重い介護状態になるのを防げます。そのことは、高齢者にとっても良いし介護財政にとっても良いと思うのですが。ここに力を入れないで介護状態を重くしてサービスを提供しようとしているように感じます。こういう施策はどうも理解できないですね。

塚口：介護保険の保険者は市町村なのに市町村の意見を聞かないで、厚労省が全部采配しています。全国市町村会、全国市長会など地方公共団体の全国組織は8つもありますが、介護保険の運営については何も意見を言っていないのではないですか。もっと市町村の状況に合ったサービスを構築していかないと高齢者の生活実態とかけ離れていくような気がします。

周作：国は、地方創生などともっともなことを言っていますが、地方を大事にしていません。介護保険の運用がその典型です。鹿児島県の指宿も北海道の羅臼も同じメニューの同じサービスです。それぞれの地域の状況や社会資源の濃淡、気候、立地などに合ったサービスを組み立てないとそこに生活する高齢者を支援することにはならないと思います。

塚口：スウェーデンは、法律で大規模施設はすべて廃止しました。大規模施設では食事や就寝にしても時間を設定して対応せざるを得なくなり、社会福祉の根本理念であるノーマライゼーションに反するということです。大規模施設でのサービス提供はどうしても提供者主体にならざるを得ません。利用者主体にならない大規模施設を廃止し、代わって、街中にグループホームをさりげなく配置する方向に切り替えました。このグループホームのもう一つの考え方は、従来の施設福祉か在宅福祉かではなく、施設と在宅の中間どころの機能を持っているように思います。

周作：類似しているものとして、日本には小規模多機能型居宅介護があります。これには運営上二つの問題がありました。一つは、多機能は高齢者が長期にわたって宿泊してサービスを受けることはできません。家族にとっては、長く利用できないと困るという事情を抱えている。高齢者本人の希望はともかく、家族の要望としては宿泊の長期利用です。二つ目は、経営上採算がとりにくいという仕組みになっていました。ですから、小規模多機能型居宅介護が地域に根付かないのだと思います。

塚口：私が兵庫県社協に入って間もないころ、今から半世紀も前になりますが、広島県の北部地域で高齢者の移動生活を見学したことがあります。その町は中国山脈のふもとにあって、冬は大雪が降るため、山間部のお年寄りに冬場は町の中心地の高齢者ハウスに移住して生活してもらうということでした。このハウスは、高齢者が自由に利用できるということで、私はなかなか粋な施策だなと感心したのを覚えています。これなどは、グループホームの運営に大いに役立つのではないかと思います。

勝則：こうした施策には営利法人も参画できるのではないですか。

塚口：先ほどの広島県内の例などは儲けになりません。社会福祉法人は、採算は取れないけれども、どうしても手を打たなければならいところには手を差し伸べる責務を負っていると思います。その事業を市町村がバックアップする。こうしたことが必要になると思います。

〔コメント〕笹山博司

介護人材は好景気になれば減っていくことは明らかです。法的な人員換算もあり、人の取り合いになってきています。人の教育を考えず、ただ獲得し合うだけになってきてるのではないかと思います。ＩＣＴ導入などで生産性の向上や効率化ができるのであれば、換算要件の緩和をするべきであると考えます。

〔コメント〕辻尾朋子

ひとつの法人単位で介護人材の確保・育成をすることには限界があると思います。政府、行政、民間が協力をして人材確保・育成に取り組まなければならないと思います。早急に対応が必要な課題です。

社会福祉法人のガバナンスについて

塚口：それでは、今回の社会福祉法の一部改正に伴う諸問題について引き続き議論をしていただきたいと思います。

勝則：今回の社会福祉法改正で最も大きく変わったのは、社会福祉法人の運営体制の変化、すなわち、法人運営のガバナンス体制です。これまでは理事長と理事による理事会でそのすべての法人運営を決めていました。評議員会は諮問機関にすぎませんでした。理事は理事長に従うような者を選任し、評議員はひな壇にいる著名人という中で運営してきて30年、ようやくこの体制の問題点が分かり、社会福祉法人の重要な事項、決算事項、理事の報酬などに関しては新理事会のみならず、新評議員会の承認プロセスを踏ませる。

この新たな評議員会は外部の専門家を取り込んで客観性を持たせます。初めて改正内容を見たときには、国ががんじがらめに縛って、評議員のガバナンスを変えて理事長が頑張っても評議員がダメといったらダメというようにしていくのかなと思っていましたが、実質的には違うように思えてきました。新たな評議員会は株式会社の株主総会のような位置にあり、最重要な事項、決算事項と理事長および理事の報酬等を決定する権限を持ち、これらについて、YES、NOという権限をあたえました。これまで評議員会はNOといえる機関ではなく相談相手でした。そのように法律を見ると読むことができます。しかし、法人の業務運営の本質を動かしているのは理事会であり理事で変わりありません。

周作：今回の法改正の直接の端緒はキヤノングローバル研究所の「全国の特養は押しなべて3億円の剰余金を持っている」とした発表と報道です。同研究所の研究主幹は霞が関の意向を忖度したのか、はたまた、霞が関に乗せられたのか分かりませんが、この報道の延長線上に法改正があります。この法改正で最も重視しているのが法人のガバナンスの強化です。

勝則：営利企業のガバナンスも変わってきています。取締役が業務執行に加え、執行の業務の監視役をしなければならなくなりました。今までは業務執行役＝取締役が中心で監査業務はどちらかといえば監査役に形式上やっていただくというものでした。それに取締役が統括執行役とか担当執行役を監視し、執行役の長は社長であり、それを監視するのが取締役であり取締役会です。

公益法人では、昔から評議員会という制度がありました。社会福祉法人でいうと、改正前の評議員会は諮問機関であったが、改正後は法人の最高議決機関に位置付けられました。そして評議員会は理事や監事の選任権を持ちました。これは、理事がお互いになれ合いで選任しあうのではないという牽制機能を持たせたということだと思います。

周作：社会福祉法人のガバナンスについては、法改正や厚労省からの通知を通して何度も試みられましたが成功したとは言い難いです。その原因をもっと追求する必要があるのではないかと思います。この件に関して、私からいくつかの問題を提起したいです。その一つは、社会福祉法人は大きな社会的任務を持ちながら、その理事や監事、評議員は無報酬で当たれというやり方できました。無報酬は「責任はほどほどでいいよ」ということと裏腹です。これでは無報酬なみの責任の取り方でよいということです。今回の改正では、報酬を出すことが認められましたが、これとて公表し、監督官庁は監督官庁職員の給与水準よりうんと低位に位置づけようとするでしょう。本当は行政職員の給与こそ公表すべきと思っていますが、何かこそこそと姑息に様々な規制がかかるのではないですか。二つには、理事や監事、評議員の選任はなれ合いで行われてきました。今回の法改正では、評議員の選任、理事・監事の選任は厳格になりましたが、なれ合いは払拭されましたか。されていないように思います。何が言いたいかといいますと、形を作れば問題が解消されると考える思考の単純さを指摘したいと思います。

塚口：厳しい指摘がありましたが、監督官庁の社会福祉法人に対する監査について付言すると、その監査は「指導監査」でなければなりません。指導監査とは、社会福祉法人が抱える問題を一緒になって考え、打開策を出していくものでなければならないと考えます。監査にその視点は全く欠落しています。監査マニュアルに沿って機械的に欠陥を検事のように指摘するだけです。こんなやり方で、監査を受ける側は心服するでしょうか。しませんん。面従腹背です。こんなやり方を何年繰り返しても事態はよくなりません。

ガバナンスとは、官民が同じ視点を持ち、共同で築きあげるものでなければなりません。

勝則：おっしゃる通りだと思います。内部で適切に牽制しあう体制は、イエスマンばかりを選任してはだめだということです。理事長の言うことをそのまま鵜呑みにするような理事ばかりだと牽制機能は働きません。理事長や業務執行理事の言い分を十分聞き、それを支持するかストップをかけるか客観的に判断できる評議員が必要です。

塚口：このガバナンスの強化は理事長はじめ理事会が本当にその気にならないと進みません。しかし、なれ合い体制は継続している中で、どのようにこれは進むとお考えですか。

勝則：法人経営の基底が崩れているところにはガバナンスはできませんね。基底とは、文字通り、根底の部分です。健全な財政、相互牽制が効く組織、役職員の使命感の高さなどだと思います。社会福祉法人は、このどれもが不確かなところが多いのではないですか。ガバナンスの強化とはその基底をしっかり固めるような経営に導きなさいというシグナルだといえます。

周作：基底部分が非常に弱い社会福祉法人はたくさんあります。ここが弱いと質の高いサービスは提供できなくなります。良質なサービスが提供できなければ、そこは将来淘汰されることになります。どんな淘汰のされ方になるか、解体か基底部分がしっかりした法人への吸収合併です。私はこの基底部分を強めるような経営を目指しています。

塚口：経営状況が危ないという判断は誰がするのですか。

勝則：本来、県および市の役人で社会福祉法人等の検査を担当している部署の担当者およびその責任者が検査過程で発見し、注意勧告すべきでしょう。それは、社会福祉法人の監事ではないと思います。公認会計士や税理士、銀行が見たらわかりますよ。ここの社会福祉法人が危ないと評議員に伝える仕組みが必要ですね。そこで、一定規模以上（平成29年4月より、30億円以上の収入を持つ法人）の社会福祉法人に、公認会計士による監査が義務付けられました。

周作：危ないと伝えるのは難しいですね。

勝則：ただ、公認会計士の監査の結果、「継続企業の問題」と記載したら銀行はすぐに貸付を引き上げます。そうするとその場で潰れることになります。

周作：福祉医療機構から今までは借りていたけれど、銀行の金利が安いから、そちらに切り替えた法人が多いです。いずれにしても借金まみれでも経営できます。その場合、人件費を絞るか食費を絞るか新しい物品は買わないということになり、質の低下が起こります。仮にこんなやり方に陥ったとすると社会がそれを許しますかね。

塚口：経営のガバナンスの論議をしていますが、その中心になる役員があまり勉強しないですね。ある法人では、今回の法改正の中身や法人運営がどのように変わっていくのかという勉強会を一度も開いていないし、勉強もさせていないところがありました。

勝則：最上のガバナンスを築こうと思ったら経営者がもっと賢くならないといけないですね。ひょっとして、経営者資格といったものを設ける必要があるのではないかとも思います。

周作：私は正直、経営者としてのモチベーションが落ちました。この20年間我慢して頑張って汗をかいてきたことを厚労省はわかっていません。経営者は施設を増やしていくこと、介護の質を上げていくことにモチベーションがあります。福祉充実残高があれば借金してまで地域貢献をしろと法律に規定しました。法律で規定しなければならないほど社会福祉法人が信用できないのかと思いました。経営者は本来わがままです。それさえ一切認められないとなると余計なことはしなくてよいということになります。新しいサービス改革、顧客満足を得るための様々な試みなど、もうどうでもよいではないかと思わせるような法改正です。

塚口：今の介護保険事業を延長させるだけでは、近い将来必ず多くの介護難民を生じさせます。そのための施策は、厚労省の皆さんの頭だけでは、良いものができません。なぜなら、先ほどの周作さんの意見にあるように、現場の工夫や発想を汲み取っていないからです。まさに現場を預かる社会福祉法人と市町村、厚労省が一体となって知恵を絞る機会を早く設定し進めることが必要だと思います。

〔コメント〕笹山博司

どの業界でもガバナンスは大事であると思います。ただ、日本においてガバナンスの使い方がうまく機能していないのではないかと思います。締め付けることでしかガバナンスの安定化はできないと考えるところは多いのではないでしょうか。果たして本当にそうなのか。いろんな角度から検証していくことです。ガバナンス問題はいつの時代でも本当に難しいと思います。

〔コメント〕辻尾朋子

ガバナンスの強化によって、利用者満足度やサービスの質の向上、経営状態の改善、働きやすい環境整備などを期待します。一方では、システムが変わっただけでよい循環が生まれるか心配です。動向を見守りたいと思います。

職員のモチベーションを上げる様々な試み

塚口：社会福祉法人で働く職員の待遇は決して十分とは言えないと思います。しかし、この処遇状態を将来も継続させてはならないと思います。この処遇の引き上げがモチベーションを高める大きな要素ですが、その一方で、人の生きざまを、その人に寄り添って支援していく仕事は、やりがいが伴わないと成り立ちません。法の改正や制度施策の改編ではぜひこうした事柄を組み込んでいただきたいものです。

さて、周作さんは、前者はもちろんのこと後者の問題についても長年にわたって苦心されてきました。その一つが各種コンテスト、コンクールへ職員を挑戦させる試みです。その二つは、挑戦させた成果を取り込んで、自らがコンテストを企画し実施する事業を立ち上げてきたことです。それらについて披歴していただきたいと思います。

まず、オールジャパンケアコンテストへの参加です。これはどんな思いで職員を参加させようと思われたのですか。


周作：オールジャパンケアコンテストは、鳥取県の社会福祉法人こうほうえんが主管して実行委員会を結成し、全国の介護保険事業者に呼び掛けて毎年1回鳥取県で開催している行事です。私の法人は第2回のコンテストから参加しました。介護に関わるいろいろなテーマを掲げて介護技術を競うコンテストです。県外の他の法人の職員と競うのです。社会福祉法人ささゆり会では、もちろん、法人内で技術を磨く試みを実施していますが、このコンテストでは舞台が大掛かりです。そこで最優秀賞を取るなど何回も入賞してきました。この参加を通して職員の介護技術は一段と上達しました。

何回か参加、入賞を繰り返した結果、今度は自分たちでコンテストを開催しようということになりました。

本当は全県を対象としたケアコンテストを開こうと考えたのですが、ちょっとオコガマシイかなと思い、播磨ケアコンテストと対象地域を播磨地域に絞りました。今回（平成29年）で3回目になります。

こうした試みを通して職員は介護技術に自信を持つようになりますし、この自信が日々の仕事のモチベーションを高めることになったのではないかと考えています。インテルの元会長のアンドリュー・S・グローブは「競争こそモチベーションを高める」といっていますが、その通りかもしれませんね。

施設サービスのうち、食事は高齢者が最も期待するものです。栄養価の計算や健康食志向はもちろん大切ですが、美味しいかそうでないかは最大の関心事です。次は、料理コンテストを企画してみたいと考えています。

塚口：これだけではなく、QCサークルチャンピオン大会イン兵庫にも職員グループを参加させ兵庫県知事賞も勝ち取っておられます。私も昨年

オールジャパンケアコンテストの競技風景

オールジャパンケアコンテストの競技風景

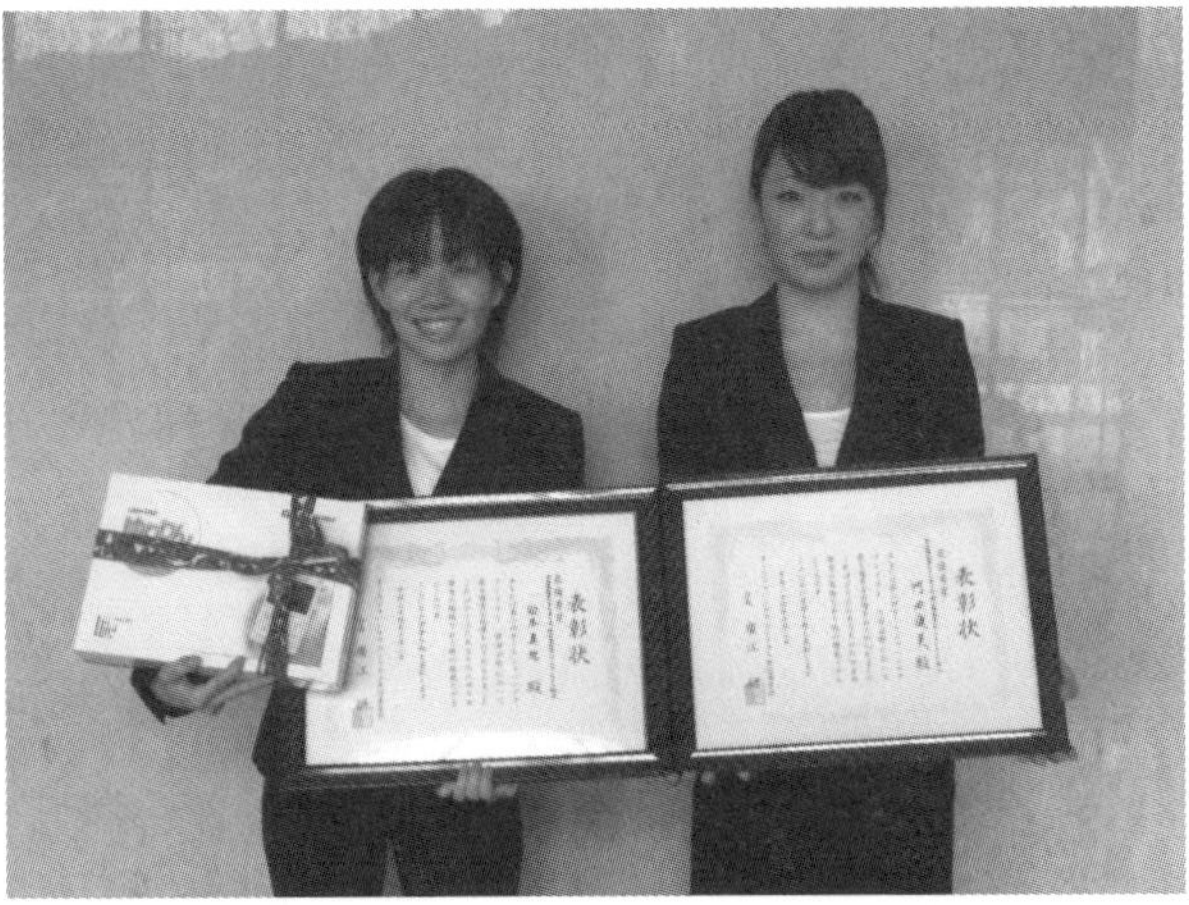

オールジャパンケアコンテスト入賞者

の大会を見学したのですが、大企業のＱＣサークルと互角に戦って入賞するなど素晴らしいと思いました。

周作：ささゆり会の施設では、様々な試みにチャレンジして対人援助の腕を磨いてきております。こうした大会などで入賞することは、大企業と競う、しかも自分たちのサークルが入賞することは大きな自信につながります。私も鼻が高いです。

私は、施設経営の要諦として地域といかに強いつながりをもつかに腐心しております。施設はそのサービスを含めて地域から信頼を寄せられる存在でなければならないと思っています。そのための一環として、地域の高齢者をお招きして、ご馳走も奮発して敬老会を開いたり、ク

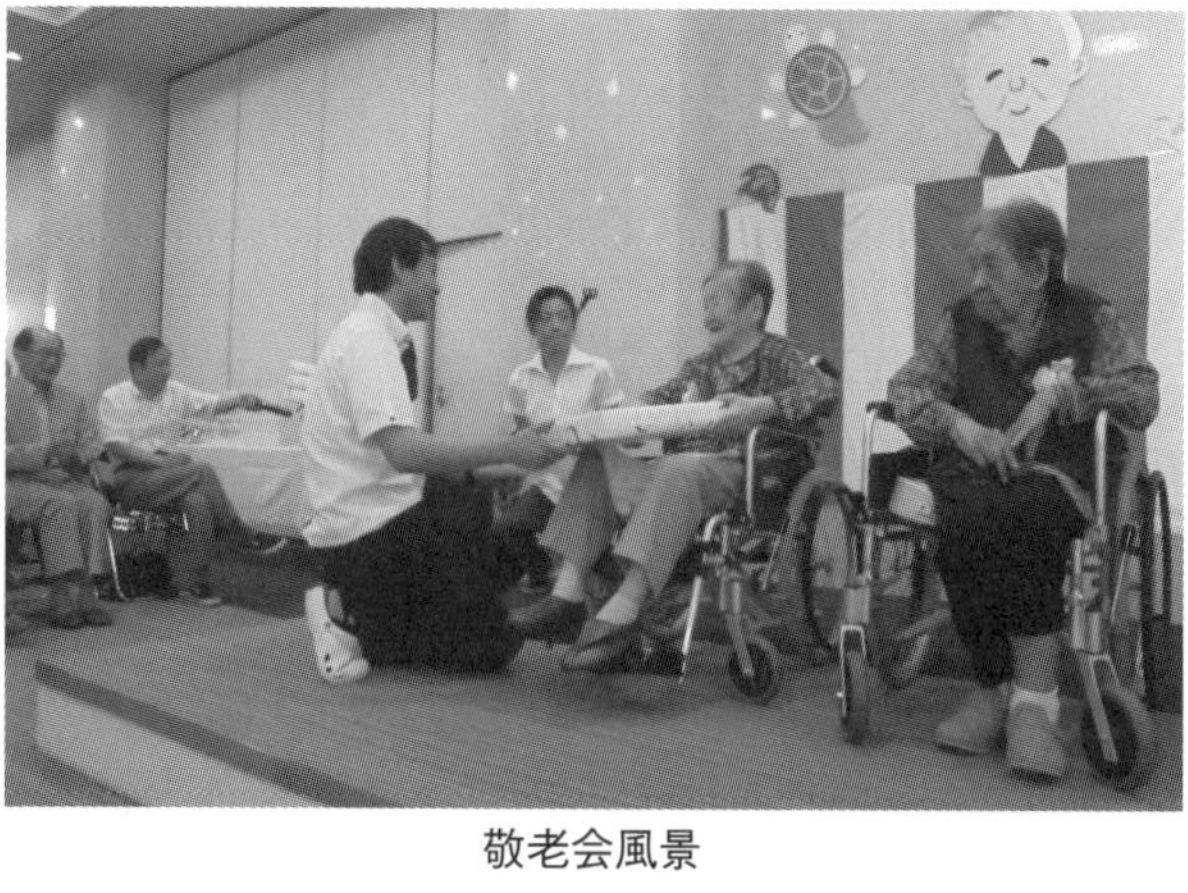

敬老会風景

敬老会風景

クリスマス会風景

リスマス会をしたりしています。それだけではなく、将来は地域社会に対してボランティア活動なども行えたらと考えたりしています。

勝則：地域社会でのボランティア活動は大切です。アメリカの企業は、必ずその企業がある地域でボランティア活動を行っています。少年ベースボールの指導をしたり、サッカーの指導をしたり、何々教室を定期的に開いたりと盛んです。企業は地域とともにある、という意識なのだと思います。日本の企業の僅かな寄付金を出してお仕舞というのとは違います。

塚口：長時間にわたって社会福祉法人の経営問題、人材確保・人材育成、経営リーダーとしての要件など多義にわたって議論していただきました。このたびは勝則さんにも参加いただき広域的な論議になりましたことも、この内容を豊かにしたと思っています。

この編集には、笹山博司君と辻尾朋子さんに当たっていただきました。随所に、編者の立場からコメントをいただきました。感謝を申し上げ、この鼎談を終わります。

編集後記

本書は、社会福祉を牽引する人物を取り上げる第2弾として作成しました。笹山周作氏、勝則氏ご兄弟と塚口伍喜夫氏の鼎談形式で、社会福祉法人を立ち上げた経緯から社会福祉法人の経営者像など、それぞれの経験をもとに様々な角度から経営についてお話いただきました。

様々なアイディアや社会福祉法人経営に関する批判や期待、制度をどのように捉えていくのか経営者の資質など話は尽きず、まとめるのに大変苦労しました。

社会福祉法の改正や人手不足など社会福祉法人経営の転換期を迎え、今後の社会福祉法人経営のヒントが見える内容にまとめることができたと思っております。

最後に出版に際してご尽力いただいた大学教育出版の佐藤さん、社さんに厚くお礼申し上げます。

編集者　笹山　博司
辻尾　朋子

《鼎談者プロフィール》

笹山　周作

昭和27年1月　兵庫県生まれ
　龍谷大学法学部卒
　司法書士資格取得
　富士株式会社代表取締役を経て
平成7年12月　社会福祉法人ささゆり会を設立
平成8年10月　特別養護老人ホーム　サンライフ御立施設長
平成12年　さくらケアサービス株式会社を設立、現在に至る
現在　社会福祉法人ささゆり会副理事長・法人本部長
平成25年　NPO法人福祉サービス経営調査会設立に参加、現在理事長

笹山　勝則

昭和29年3月　兵庫県生まれ
昭和51年3月　関西学院大学商学部卒
昭和52年11月　公認会計士資格取得
　プライスウォーターハウス勤務
平成5年1月　青山監査法人代表社員に就任
平成12年7月　中央監査法人との合併により中央青山監査法人代表社員となる
平成18年9月　あらた監査法人代表社員
平成26年6月　あらた監査法人を定年退職する

塚口伍喜夫

昭和12年10月　兵庫県生まれ
昭和33年3月　中部社会事業短期大学卒
同年　8月　日本福祉大学中途退学
昭和33年9月　兵庫県社会福祉協議会入局
その後、社会福祉部長、総務部長を経て事務局長
兵庫県共同募金会副会長を歴任
平成11年4月　九州保健福祉大学助教授・教授　大学院教授を経て
平成17年4月　流通科学大学教授
平成25年10月　ＮＰＯ法人福祉サービス経営調査会立ち上げ、理事長就任、その後顧問
平成26年10月　社会福祉法人ささゆり会理事長就任・現在に至る

《編集者プロフィール》

笹山　博司

昭和58年9月　兵庫県に生まれる
平成19年3月　京都産業大学工学部卒
平成21年3月　京都府立医科大学大学院修士課程修了
平成25年3月　同上大学院医学研究科博士課程終了・医学博士
平成25年4月　社会福祉法人ささゆり会入職
平成29年4月　社会福祉法人ささゆり会法人本部副本部長

辻尾　朋子

昭和56年9月　京都府に生まれる
平成16年3月　九州保健福祉大学社会福祉学部卒業
平成16年4月　社会福祉法人千種会・特養岩岡の郷入職
平成21年4月　流通科学大学 社会福祉実習助手
平成28年3月　日本福祉大学大学院社会福祉学研究科修了・社会福祉学修士
社会福祉士、介護福祉士、精神保健福祉士資格取得

社会福祉を牽引する人物 ②

笹山周作・勝則兄弟

――社会福祉法人の経営を論じ合う――

2018年 4 月30日　初版第 1 刷発行

■編 集 者―― 笹山博司・辻尾朋子
■発 行 者―― 佐藤　守
■発 行 所―― 株式会社 大学教育出版
〒700-0953　岡山市南区西市855－4
電話（086）244-1268（代）　FAX（086）246-0294
■D T P―― 難波田見子
■印刷製本―― サンコー印刷（株）

ISBN978－4－86429－505－5